Treinamento Para Sempre

2 COLEÇÃO
PERSPECTIVAS EM CENA

Direção J. GUINSBURG
Tradução ELEN DURANDO
Supervisão de texto LUIZ HENRIQUE SOARES E ELEN DURANDO
Edição de texto ELEN DURANDO
Revisão GEISA OLIVEIRA
Capa e projeto gráfico SERGIO KON
Produção RICARDO W. NEVES, SERGIO KON E LIA N. MARQUES

Jurij Alschitz

Treinamento Para Sempre

PERSPECTIVA

Título do original espanhol
Entrenamiento Para Siempre

Copyright © Universidad Nacional Autónoma de México, 2013

CIP-Brasil. Catalogação na Publicação
Sindicato Nacional dos Editores de Livros, RJ

A462t
    Alschitz, Jurij, 1947-
    Treinamento para sempre / Jurij Alschitz ; tradução Elen Durando. – 1. ed. – São Paulo : Perspectiva, 2017.
    304 p. : il. ; 21 cm. (Perspectivas em Cena)

    Tradução de: Entrenamiento para siempre
    ISBN: 978-85-273-1100-7

    1. Teatro Teatro – Técnica. 2. Pedagogia. I. Durando, Elen. II. Título III. Série.

17-40782   CDD: 792.02
                                             CDU: 792.02

31/03/2017   31/03/2017

DIREITOS RESERVADOS EM LÍNGUA PORTUGUESA À

EDITORA PERSPECTIVA LTDA.

AV. BRIGADEIRO LUÍS ANTÔNIO, 3025
01401-000 SÃO PAULO SP BRASIL
TELEFAX: (011) 3885-8388
WWW.EDITORAPERSPECTIVA.COM.BR

2017

Sumário

Nota à Edição Brasileira
11

Uma Nota Sobre o Papel do Treinamento no Teatro
[Anatoli Vasiliev]
15

Bom Dia
17

0 Capítulo Zero: **Antes da Aula**
23

A Limpeza; Sexo no Palco; Limpa-Neve; Casa Nova; Através da Água; Sou um Livro; Quadro Sonoro; Combinação de Sons; Análise Com a Visão; Ver o Invisível; Olhar Filosófico; Cruzando Fronteiras; Silêncio; A Trajetória do Dia

1 Capítulo Um: **Nada**
53

A Multidão; Bom Dia!; O Cumprimento; A Vida no Caos; Distância; Partículas Moleculares

2 Capítulo Dois: **No Exterior**
73

Left Significa "Para Frente"; Descoberta da Linguagem;
A Postura Espontânea; Metafísica do Som e do Movimento;
Tamborilem o Papel; Congelem!; A Transformação dos Objetos;
Mudança de Direção; Aplauso Voador

3 Capítulo Três: **Alongamento**
107

Alongamento de Leonardo; Júlio César; Alongar o Círculo;
Alongamento na Parede; Torção Horizontal; Torção Vertical;
Alongamento Por Partes

4 Capítulo Quatro: **Energia Para o Ator**
125

A Inspeção; A Luz e a Música em Nosso Interior; O Efeito do
Champanhe; Dança PBA; Aplausos; Aquecimento das Zonas
Energéticas; Mover o Centro; A Energia em Pares; A Batalha
dos Pontos Energéticos; O Jogo dos Aplausos; Risos e Lágrimas;
O Tiro; O Farol-Radar

5 Capítulo Cinco: **O Caminho**
161

O Labirinto; A Composição do Tempo; A Máquina de Escrever;
O Arco-Íris; A Composição de Imagens; *Perpetuum Mobile;*
A Maratona

6 Capítulo Seis: **As Leis**
189

Cinco Pontos; A Transformação da Lei; Eleger a Lei; O Jogo
Com as Bolas; A Mudança da Lei; A Fuga de Bach

7 Capítulo Sete: **Eu**
209

O Equilíbrio; A Vertical; Um Segundo de Medo; A Batalha dos
Equilíbrios; A Cornija; O Relâmpago; Minha Carta

8 Capítulo Oito: **Eu + Você**
231

A Queda; A Pena; Diálogo Com uma Vela; Os Siameses;
O Segundo Corpo; O Jogo da Sombra; O Papel da Personagem;
A Bomba de Ar; Um Leve Flerte; A Bola Entre Vocês; Sistema
de Eco; O Local do Encontro; Pessoas e Cadeiras; Uma Voz;
Cartões de Encenação; Cartões: Agindo Conforme a Situação

9 Capítulo Nove: **Eu + Eu + Eu + Eu + Eu + Eu + Eu**
265

Começar Juntos; A Coluna; O Diâmetro do Círculo;
O Monstro Multibraços e Multipernas; O Nó Górdio; Simetria;
O Revezamento da Ação; A Pena e a Tinta; *A Parábola dos
Cegos*, de Brueghel, o Velho; Os Tecelões; Do 0 ao 10; 10-5-0;
A Composição de Velocidades; Mudança de Velocidades e de
Parceiros; Um Passo Fora do Círculo

Nota
à Edição Brasileira

Caros amigos, colegas, atores e estudantes com quem trabalhei no Brasil nos últimos dez anos e aqueles com quem trabalharei no futuro: com esta edição do meu livro, desejo expressar meu sincero respeito pelo seu país, cujo povo ama e aprecia o teatro em todas as formas, estilos e tendências. Este livro é sobre treinamento teatral – o duro trabalho profissional diário daqueles que desejam tornar o teatro melhor. Assim sendo, tenho certeza de que o entrego nas mãos certas! Boa leitura e boa sorte!

Jurij Alschitz

Olá, Tolya. Escrevo para lembrá-lo do meu pedido para que você escreva a introdução do meu livro sobre o treinamento. Espero, ainda, que você se lembre do quão infernais são os exercícios para os atores. Em todo caso, faça um esforço e escreva algo sobre o papel do treinamento no teatro.

FRAGMENTO DA CARTA DE
JURIJ ALSCHITZ A ANATOLI VASILIEV

Uma Nota
Sobre o Papel do
Treinamento no Teatro

O treinamento é chato – nem espere momentos agradáveis!

O treinamento é horrível – saia e tome um sorvete!

O treinamento é emocionante no começo, mas depois se torna uma privação de liberdade durante três anos, três horas por dia, embora você possa escapar do castigo nos finais de semana e mandar todo mundo para o inferno!

O treinamento implica se concentrar e não se distrair. O professor dá uma série de instruções: "escutem e aprendam"; ou, simplesmente, "toquem uns aos outros, não toquem uns aos outros, pulem, deem cambalhotas; escutem através da janela aberta, mas observem a vela". Lá fora o tempo está maravilhoso, por isso o treinamento é um longo tormento para adultos e crianças. Quem o inventou? Jurij Alschitz.

E, antes de Jurij Alschitz, Mikhail Mikhailovich Butkevich o inventou. Outro aluno de Butkevich foi Vassili Ivanovich Skorik, que desenvolveu novas tarefas exóticas; todos eles inventaram o treinamento aos poucos. Foi Grotowski quem o inventou antes de todos eles e, a partir daí, a palavra mágica "treinamento" se dispersou pelo mundo. Antes deles, Stanislávski já usava as palavras "exercícios" e "études", enquanto Michael Chekhov os chamou de "improvisações" e Meierhold, de "biomecânica". Eu mesmo ainda pratico o treinamento, mas o chamo de "estruturas verbais". Adoro ensaiar um papel de tal forma que o treinamento seja parte desse trabalho, parte do próprio papel. Uma grande família.

Quando o filho deixa de fazer xixi nas fraldas, a mãe o treina para a vida adulta: o ajuda a desenvolver a atenção e a concentração, a focar o olhar, o ensina a levantar-se, a dar cambalhotas, a reagir de diferentes formas a uma voz alegre ou a um som triste; ou pode lhe dar um boneco parecido com ele mesmo e dizer: "Vá brincar, meu filho, não fique triste!"

Assim, desde a infância, aprendemos a brincar sem preocupações, mas os anos voam, nossa juventude passa rápido e não há como retornar a ela.

Voltar ao início. O treinamento é um retorno ao início, é a educação da criança em um corpo envelhecido, o despertar da alma: você tem que relaxar seus dedinhos, caso contrário não poderá interpretar Otelo quando estiver mais velho – e efetivamente sufocará Desdêmona com um travesseiro mortal.

O treinamento não é para três anos, mas para toda a vida.

Treinamento Para Sempre, este livro que se encontra à sua frente, oferece a experiência do meu aluno, o diretor e professor teatral Jurij Alschitz. Fui eu quem o convidou a juntar-se ao meu curso, para estudar pedagogia teatral, quase vinte anos atrás, e fico feliz por tê-lo feito. Percorremos uma jornada juntos de Moscou ao Oriente e ao Ocidente, e agora estamos em diferentes lugares: ele se encontra em Berlim e eu, em Paris, mas as mesmas lições de treinamento que ambos aprendemos de *Seis Personagens à Procura de um Autor* nos unem até agora.

Aquele que é curioso acerca do teatro pode juntar-se à nossa família, aquele que está vivo, que não se deixará levar por bajulações no meio do caminho, que continuará a mudar, a ser um e o mesmo – na busca da mestria.

Anatoli Vasiliev

Bom Dia

Tenho dedicado a minha vida inteira à arte teatral. Quando eu era jovem, trabalhei como diretor, atuei por algum tempo e ainda continuo a encenar, mas não com tanta frequência. Há um quarto de século dou conferências, conduzo treinamentos de atores, dedico-me a pesquisas cênicas, escrevo livros e dou aulas. Sou um professor de teatro. Faz quase 25 anos que estou focado na pedagogia teatral. Esse é um tema que me entusiasma, que acho interessante e nunca me cansa, já que durante as aulas e os treinamentos sempre descubro novos conhecimentos sobre o teatro e sobre minha profissão, que considero muito importante e necessária. É assim que vivo. A cada ano que passa, tenho a certeza de que o treinamento teatral é a melhor, e talvez a única, ilha de esperança do teatro, onde o "eu" artístico pode ser protegido e onde cada um de nós pode evitar a perda de nossas aspirações únicas em relação ao teatro.

Este é um livro de treinamento. Eu poderia chamá-lo de "sessão de treinamento", uma sessão de treinamento de atores. Aqui há muitos exercícios práticos e alguns de meus pontos de vista sobre o teatro e o treinamento teatral. Sou um maximalista. Acredito que o treinamento, para o professor de arte dramática, não é apenas o instrumento mais importante de sua profissão, mas o fundamento básico de sua metodologia, sua estética, sua ética e sua filosofia. Sem uma orientação própria para o treinamento, nenhum instituto dramático pode pretender ser uma escola, nenhum professor pode esperar ser um Professor. Eu poderia acrescentar que, em minha prática teatral, quando dirijo um espetáculo, o treinamento para mim não é menos importante do que os ensaios e o espetáculo. Escola – teatro – escola – teatro – escola... Não é um *sobe e desce*, mas o caminho criador de qualquer artista; são os degraus de uma escada infinita, e eu faço o possível para que os atores, não vendo limites entre os degraus, a escalem. Aí consiste o segredo da longevidade artística: nesse movimento, na contínua alternância entre o treinamento na escola e o treinamento no teatro, na busca de novas ideias e em sua realização prática, na arte de transformar cenas, personagens e espetáculos em exercícios de treinamento e em conduzir tudo isso ao nível da arte. Quem não aspira por isso? Eis por que o meu livro para professores é dedicado, sobretudo, ao treinamento e foi intitulado *Treinamento Para Sempre*.

O papel do professor não é menos importante e, por isso, eu me apresento como exemplo. Sou um profissional de teatro. Não sei fazer outra coisa. E não quero. Essa é a verdade. Desde a infância um sentimento de culpa me persegue quando me dedico a um assunto que não seja eu mesmo. Sinto que alguém se aproximará de mim, tocará em meu ombro e me perguntará severamente: "O que você faz?" São justamente perguntas como "O que você sabe?", "Quem é você?" e "Quais são suas habilidades?" que durante a maior parte da minha vida me forçaram a estudar minha profissão e a mudar constantemente minhas percepções sobre ela e sobre mim mesmo. Finalmente compreendi que jamais me livrarei dessas perguntas, que perseguem não só a mim como a qualquer um que tenha decidido unir seu destino ao teatro e à pedagogia teatral. O treinamento é a profissão de artistas e dos profissionais de teatro. Quando eu trabalhava no teatro, sempre sentia que não há momento mais trágico na vida do artista do que quando ele cria às cegas, quando as faíscas de inspiração são cada vez menos frequentes, quando as dúvidas se convertem em companheiras de viagem permanentes. E senti isso com maior agudeza quando comecei a trabalhar como professor de teatro. Somente quando você começa a ensinar é que percebe a sua verdadeira falta de conhecimentos. Compreendi que na escola as perguntas sobre arte teatral surgem diariamente e exigem respostas; que temê-las ou fingir que sabe tudo é um caminho direto para o charlatanismo e, portanto, para a morte artística. Foi então que vi o único caminho para permanecer vivo na profissão: estudar a mim mesmo e ensinar os outros. Não conheço outro caminho.

É necessário preservar os conhecimentos de nossa profissão; aprendi isso com meus maravilhosos professores Yuri Malkóvski (aluno direto de Stanislávski), Oleg Kudryashov, Mikhail Butkevich e Anatoli Vasiliev, todos alunos de Maria Knebel, ela mesma também aluna direta de Stanislávski. Tenho mais de mil alunos e uma equipe de professores, pessoas nas quais confio. Todos nós somos ramos de uma mesma árvore pedagógica. Uma mesma escola. "Tudo o que aprenderam comigo e o que alcançaram sozinhos deve ser reunido, migalha por migalha, e entregue a outros", é o que deixo de herança aos meus alunos. Que outro caminho seguir? Tenho centenas de páginas de anotações. Devo jogá-las fora? Deixar que desapareçam junto comigo? Seria estupidez. São meus exercícios, os exercícios de meus professores e os dos professores de meus professores. Não tenho escolha. São centenas. Como foram reunidos? Ao que eles levaram? Estão reunidos e escritos em embalagens de cigarros e programas de teatro. Agora podem ser úteis aos meus alunos, a outros professores de arte dramática, a todos aqueles que querem se dedicar profissionalmente ao teatro, a aqueles que não sabem, mas querem aprender "como isso é feito" e querem passar cada dia na terra sem medo de errar e começar do começo.

Comecei a escrever estes exercícios há 25 anos, aproximadamente, quando ainda estava na Rússia. Depois continuei na Suécia, Alemanha, Suíça, Islândia, Eslováquia, Itália, Bali, Romênia, Noruega, Espanha, Hungria, Áustria, Montenegro, Bangladesh, Chipre, França, Ucrânia, Inglaterra, Polônia, Canadá, Croácia, República Tcheca, Irlanda, Estônia, México, Brasil, Estados Unidos, Filipinas, Cazaquistão, Cuba, Colômbia, Índia, Letônia, China, Grécia, Coreia do Sul, Indonésia, em todos os lugares onde eu trabalhava.

É assim que este livro de exercícios tem sido organizado e nunca será concluído; continuarei a escrevê-lo até o último de meus dias. Este é o legado de meus professores. Este é o meu legado. Eis a razão pela qual este livro se converteu em meu principal livro. É importante que cada um tenha seu próprio livro. Ele sempre ajudará nos momentos de dúvidas. Quero que cada um de vocês também tenha seu próprio livro. Não importa se está publicado ou se são apenas anotações em um caderno. Eu registrei todos os exercícios na metade da página, a outra metade é para aqueles que usarem este livro. Façam suas anotações, completem e desenvolvam os exercícios. Este é o meu livro. Este é o seu livro. Transmitam o que considerarem proveitoso a aqueles que vierem depois, e estes também o farão. Conhecimento é essencial para o teatro, especialmente em nossa atual situação. Agora é tempo de acumulá-lo. Mais tarde, veremos quem estava certo e quem se equivocou. Ainda há tempo para isso.

De repente fiz 65 anos. Amo a cultura japonesa. Meu filho mais novo tem 27 anos. Dou muitas aulas, realizo encenações muito raramente, organizo festivais de pedagogia teatral e escrevo livros. Trabalho em trens, aviões, hotéis, na casa de outras pessoas, na minha cozinha e, basicamente, onde quer que eu esteja. Escrevi estas linhas em Sardenha, mas moro em Berlim. Meu meio de transporte favorito é a bicicleta. Meu filho mais velho está em Nova York e não me liga muito. Às vezes, meus amigos vêm e bebemos vodca. Recentemente nasceu o meu neto. Comecei a descobrir a beleza do México. Não quero condicionar tudo isso ao meu estado de espírito. Por quê? Hoje sou assim e cometo equívocos em minha escrita, amanhã serei diferente e escreverei de outra forma. Hoje, o teatro é felicidade, amanhã pode ser minha perdição. Quem sabe? Hoje estou cansado, então é hora de começar a aula.

E novamente surge a pergunta: como começar?

É o que penso antes de quase todas as aulas. Essa pergunta surge em minha mente e fico feliz; se não surge, fico inquieto. Gosto desse sentimento de frenética insegurança em mim mesmo, em meus conhecimentos. Há um risco de falhar, mas também há a possibilidade de acertar. O professor se sente um ator antes de entrar em cena ou um jogador antes de lançar os dados. Sei disso porque eu atuava. É um sentimento artístico.

Uma nova aula. Um novo livro. Uma nova interpretação. É importante saber para quem vocês ensinam, para quem escrevem e com quem atuam. Eu escrevi muitos livros para teatro. Estão publicados em muitos idiomas. Este livro é voltado para atores e diretores, bem como para professores de teatro. Estou ansioso novamente, como se estivesse escrevendo pela primeira vez. Aqui está, eis um novo livro. Uma nova aula. Estou revisando o livro outra vez, editando-o e finalizando-o para meus colegas: os professores das escolas de arte dramática. Estou jogando possivelmente com o oponente mais difícil e conservador – o professor! Que paradoxo!

A aula começará logo. Estou nervoso, mas ainda não sinto nenhuma responsabilidade ou a importância do momento. Nunca lhes aconteceu algo assim: um som distante se aproxima e passa bem próximo, de tal forma que vocês poderiam estender a mão e tocá-lo? Espera-se pelo próximo som, mas ele nunca vem. Uma longa espera. E então surgem as dúvidas: houve mesmo esse primeiro som? Talvez não tenha havido nada? Ou, talvez, tenha sido apenas um sonho – tão claro como uma pintura. São oito da manhã, vocês acordam, mas não se lembram de nada. Deveriam anotar? Está de noite. Vocês se levantam, correm até a mesa, pegam uma folha de papel, procuram uma caneta, anotam cada detalhe, voltam, deitam e dormem. De manhã, leem o que foi escrito e aquilo não faz sentido algum. Tudo se esvai… o mesmo ocorre com a voz dos seus amigos e com o rosto dos seus alunos. Com os seus conhecimentos sobre teatro.

VAMOS COMEÇAR! VAMOS COMEÇAR!

A aula começará logo. O que vocês sabiam ontem sobre teatro e sobre o trabalho do ator? E sobre o trabalho de professor teatral?

O que diriam a respeito disso? Como agiriam? Perguntem-se: vocês sabem isso agora? Têm certeza de que é isso que querem transmitir a seus alunos? Se quiserem responder a essas questões honestamente, observem como têm dúvidas em relação à maior parte de seus conhecimentos.

Já aconteceu isso com vocês? Ontem... E esses já não são mais os seus conhecimentos, suas descobertas, como se outrora alguém já os tivesse transmitido a outra pessoa, mas não a vocês. Eles não têm valor algum, como se fossem estranhos e para estranhos. Um novo livro, recém-publicado, com uma aula realizada com êxito ou um exercício que acabaram de anotar, já parece obsoleto e duvidoso. Tudo o que vocês adquiriram no teatro ontem já não lhes pertence mais hoje. Pois é! Esse é o fardo do professor. É preciso começar a palestra, a aula e o treinamento do início.

– Por onde começar?

– Pela "página em branco".

Antes
da Aula

9H30

Todos os dias, sinto-me um estranho antes da aula. Embora não seja meu primeiro dia de trabalho aqui, sinto que o espaço, os móveis e os objetos não me pertencem. Este não é o meu estúdio, digo a mim mesmo. Na melhor das hipóteses, este espaço não é de ninguém; os atores e eu precisamos torná-lo nosso. Precisamos sentir o espaço e dominá-lo. Conectar-nos com sua energia, se quisermos trabalhar nele, se quisermos criar algo nele. Caso contrário, será impossível.

O espaço pode estar cansado e irritado. Pode estar dormindo quando se entra e é preciso acordá-lo. Vocês precisam falar com ele, jogar com ele ou, às vezes, apenas deixá-lo descansar e ficar sozinho. Um bom contato com o espaço cênico ou com o estúdio é essencial, em primeiro lugar, em termos de energia. Da mesma forma que o ator precisa de treinamento antes dos ensaios e performances, é necessário treinar o espaço onde o trabalho ocorrerá. É necessário preparar o ambiente que nutrirá energeticamente o ator. Vocês precisam aquecer o ar no qual seu balão voará.

Venho trabalhando com exercícios para estúdios e palcos há muito tempo. E descobri algo muito interessante: é preciso começar os ensaios não com os atores, mas com o espaço cênico. Gastar uma ou duas horas nisso é um tempo bem gasto. Não se deve economizar aí porque se o espaço estiver preparado corretamente, ele mesmo explicará aos atores o que e como encenar. Venho pensando sobre isso há muito tempo, embora tenha escrito poucos exercícios desse tipo. Ainda assim, gostaria de sugerir alguns. Porém, há uma condição: realizá-los só faz sentido se acreditamos que o palco é um espaço vivo.

Exercício

A Limpeza

Disponham-se a trabalhar em um lugar organizado. A produtividade e a qualidade do seu trabalho dependem disso. E a satisfação também. Quando a mesa de trabalho ou o estúdio estão bem organizados, o trabalho flui normalmente.

Não há ninguém no estúdio. Vocês não precisam de ninguém. E nem de esfregão, vassoura ou escova. Deixem suas mãos fazerem o papel desses itens essenciais de limpeza. Sem tocar em nada, limpem as paredes, o chão e todo o resto, incluindo os cantos mais difíceis de alcançar do seu espaço de trabalho. Gastem sua energia como se realmente estivessem limpando o pó e se livrando da sujeira. Realizem essa ação com total comprometimento, como um ritual. Não se apressem em finalizá-lo. Sintam-se como um anfitrião, um verdadeiro artista. Vocês já viram como um artista prepara seu espaço de trabalho? Como um pintor prepara seus pincéis e tintas? Como um músico arruma sua partitura e seu banquinho? Isso não é apenas precisão – é a reorganização do espaço para uma nova vida. Um ritual. Vocês preparam não apenas o espaço como também a si mesmos para o espaço.

Após tirar o "lixo" do estúdio, comecem a se limpar como se estivessem retirando do corpo as camadas de "sujeira da vida", camada por camada, de cima a baixo, terminando em seus pés. Apenas com as mãos, arranquem rudemente essa cotidianidade vinda da rua e das cozinhas comunitárias[1]. Ao final desse exercício, joguem para fora da sala tudo o que conseguiram limpar. Não se esqueçam de lavar as mãos e o rosto depois.

Durante minha estada no Japão, observei como um ator, completamente sozinho, lavava o chão de seu estúdio, que sempre estava impecavelmente limpo. Para que fazer isso? Fiquei surpreso naquela época.

Os atores bolivianos passam muito tempo colocando ervas aromáticas, conhecidas apenas por eles, nos cantos do palco, enquanto sussurram. Gente supersticiosa, disse a mim mesmo.

Os hindus leem tantras antes da performance. Uma perda de tempo, pensei comigo naquela ocasião. Então vi um exercício peculiar no México e imediatamente entendi os japoneses, os bolivianos e os hindus. E fiquei impressionado com o resultado que senti tão claramente em mim mesmo.

---

1 O autor se refere às cozinhas dos apartamentos comunitários (*kommunalka*), onde residiam entre duas e sete famílias, que foram a resposta soviética à crise da moradia urbana. (N. da T.)

Exercício

Sexo no Palco

Este exercício é baseado em um antigo costume que encontramos na América Latina: pessoas mais jovens vão até a residência de alguém que está seriamente doente e imitam o ato sexual com movimentos energéticos e potentes em diferentes partes do espaço. É como se fertilizassem o ambiente morto, devolvendo-o à vida, concedendo-lhe energia e criando um poderoso campo no qual o doente pode se recuperar muito mais rápido. Um ato similar a esse foi realizado por atores em um pequeno teatro. Eles preencheram o espaço com energia por meio de movimentos, sons e palavras sexuais. Fazendo sexo com o espaço, eles prepararam o palco para uma performance. Isso causou uma forte impressão em mim. Após cerca de vinte minutos, o palco parecia um forno e até eu me senti jovem novamente.

Após a performance, falei para os atores desse teatro que os europeus precisam realizar exercícios similares. "Mas há um problema", disse-me uma jovem e linda atriz mexicana com um sorriso, "os atores na Europa são, em sua maioria, ateus". Tive que concordar com ela.

Exercício

Limpa-Neve

No espaço, há uma espécie de massa. Tentem recolhê-la. Usando suas mãos e pernas como se fossem um rastelo, juntem o máximo de massa que puderem. Sintam o quanto vocês estão preenchidos com ela. Deixem-na viver dentro de vocês por um curto período de tempo e vão se acostumando com ela e se aquecendo. Depois a devolvam para o palco, para o estúdio. Entreguem-na inteiramente e adicionem uma partícula de si mesmos.

Quando tiverem dominado esse exercício, tentem realizá-lo com uma única respiração e um único movimento. Em uma inspiração, vocês recolherão todo o espaço; em uma expiração, vocês o devolverão inteiramente. Não fiquem parados, movam-se pelo espaço. Quanto mais generosamente vocês o entregarem, mais calor haverá no espaço e mais ele será seu.

Vocês deveriam realizar os exercícios com o estúdio antes de começarem a treinar. Eles ajudarão o ator a se conectar com os campos energéticos do espaço. É necessário explicar isso com mais detalhes. Sabe-se que o homem e o espaço a seu redor estão unidos em um processo de eterna troca de energias. Também sabemos, graças à física contemporânea, que todos os objetos e pessoas irradiam energia constantemente, a qual se encontra no ambiente que nos rodeia e se divide em fluxos específicos, como o movimento das camadas de ar na atmosfera da Terra ou da água no oceano. Portanto, todos os lugares onde vivemos e trabalhamos são atravessados por esses fluxos de energia. Seu movimento é formado de tal maneira que ocorrem turbilhões em diferentes lugares, como os que vemos em fotos de satélites que mostram as frentes de ar quente e frio. Vocês precisam aprender a sentir e a definir os pontos focais desses fluxos de energia. Sempre há dois fluxos em qualquer lugar: o positivo e o negativo. O positivo proporciona energia, quando há uma falta dela – e os atores experientes certamente a encontram. O negativo é essencial para um contraste de impressões, quando vocês precisam pensar como esclarecer uma situação. Pode ser usado para cenas em que haja monólogos reflexivos. Encontrem esses pontos. Isso toma tempo, sem dúvida, mas novamente revelará importantes segredos a respeito do espaço de trabalho.

Mais um conselho: sejam os primeiros a chegar ao teatro, sem falta. É muito importante abrir seu teatro, seu estúdio. São poucos os que experimentam esses preciosos minutos e eles são muito importantes para o artista. Quando eu trabalhava na Escola de Arte Dramática de Moscou, eu morava no mesmo edifício, em um albergue que ficava um andar acima do estúdio. É por isso que as minhas aulas – treinamento para atores – eram a primeira atividade da programação diária do teatro. Eu tinha a chave e chegava primeiro, de manhã cedo, para abri-lo. É impossível descrever a sensação que experimentamos ao fazer isso. São momentos especiais, emocionantes. Vocês devem ser os primeiros a chegar ao teatro. Há momentos em que não os deixam entrar imediatamente. Nesses casos, vocês precisam se preparar para o encontro. Eu adoro chegar ao teatro antes dos atores. É melhor "criar" a peça sozinho, em um palco vazio. Raramente os atores sobem ao palco para perambular, para ouvi--lo. Que estranho, eles deveriam viver ali, mas preferem ficar na cantina. Geralmente eu preparo o palco antes mesmo de os atores chegarem. Primeiro eu aqueço o espaço e depois os deixo entrar. Mas fazer isso junto com eles é ainda melhor.

Quando eu visitava a Catedral de Cristo Salvador, em Moscou, que havia sido destruída há cerca de setenta anos pelo regime de Stálin e reconstruída recentemente, ouvi um idoso – provavelmente de uma cidadezinha ou aldeia – dizer, pensativo, "Cerca de vinte anos". Perguntei-lhe o que ele queria dizer. Ele respondeu, "Demora cerca de vinte anos para pintar a catedral, não menos que isso".

Dessa forma, seria bom se os atores sentissem a energia do espaço do palco.

Exercício

Casa Nova

Atravessem o espaço da sala em diferentes direções e tentem definir onde vocês se sentem confortáveis e onde não. Experimentem as zonas de maior densidade energética – elas são os pontos mais ativos do palco e podem ajudá-los a atuar. Essa pesquisa, essa busca pelo foco de fluxos energéticos, deve ser realizada sem pressa e mais de uma vez. Invistam tempo nisso. Sintam o espaço. Sintam onde há muita experiência no espaço, reflitam sobre isso e atuem. É importante encontrar o "seu" lugar no espaço.

Os animais são capazes de fazer isso rapidamente, mas os atores não. Considerem a forma como gatos e cachorros, entrando em uma nova casa, sempre encontram os lugares com a energia mais agradável para eles em um curto espaço de tempo. É o que sempre acontece. Eles nunca mudarão de lugar.

Repetindo, o treinamento deve começar não com o ator, mas com a preparação do lugar que ele habitará. Primeiro, prepara-se a água e depois colocam-se os peixes, e não o contrário. E a água deve estar viva; o peixe morrerá em água parada.

9H35

Sempre há problemas com espaço nas escolas de teatro. Quando sou convidado para ministrar uma *master class*, sempre pergunto antes qual sala será minha no estúdio. Dependendo da resposta, me recuso a trabalhar ali e peço outro espaço ou utilizo um determinado tempo para adaptar o estúdio à minha aula. Fico irritado quando minhas condições são vistas como um capricho. A preparação de um ambiente energeticamente denso é a primeira lei para a criação de uma nova vida. Para mim, essa é uma norma de higiene elementar. Por que há coisas já estabelecidas em astronomia, física e biologia tão raramente usadas no teatro? Por que nos focamos somente na "vida do homem" e pouquíssimas pessoas perdem tempo ou pensam na "vida do ambiente"? Ninguém nega que ideia e conteúdo são importantes. Mas não podemos esquecer que a energia de seu espaço de convivência também é conteúdo, e um dos mais importantes.

Exercício

Através da Água

Enquanto caminham livremente pela sala, imaginem que ela está cheia de água. Vocês caminham pela água e sentem sua massa e resistência. Depois de um tempo, imaginem que a temperatura da água está mudando: ela fica morna ou até quente, depois fresca, e finalmente congela, virando gelo. Então vocês se tornam um navio quebra-gelo, forçando seu caminho com dificuldade.

Tentem imaginar que vocês são como um barril sem fundo e que a água passa através de vocês. Seu movimento pela sala não encontra nenhuma resistência.

No final do exercício, circulem pela sala, alternando sua relação com o espaço: água fria, morna; primeiro vocês andam pela água e depois a água passa através de vocês.

Exercício

Sou um Livro

No estúdio, sempre há móveis: cadeiras, mesa, objetos de todo tipo, adereços, peças de época. Tudo isso faz parte do espaço. Imaginem, por exemplo, que vocês são um livro em cima da mesa (ou algum objeto que, nesse momento, está em seu campo de visão). Construam, em sua consciência, um estado interior para o livro: sua quietude, sua posição na mesa, a capa que o protege de influências externas. Também é importante ver tudo com os olhos do livro: a sala e os objetos que o rodeiam, como lápis, canetas, papel, cadernos, cadeira, paredes, janela, piso etc. Gastem três ou quatro minutos nesse exercício. Vocês entrarão em um "mundo de outras dimensões", ou talvez possamos chamá-lo de "mundo paralelo" do espaço.

A percepção de "outros mundos" e sua "inclusão" em um deles lhes permite entender a pluralidade e a natureza multifacetada de qualquer situação que vocês enfrentem, "desconectar-se" de suas próprias circunstâncias, "conectar-se" com outras e interagir com elas não como coisas inventadas, mas reais. É importante para o ator dominar o desconhecido – essa é apenas uma das múltiplas formas de sua própria vida.

Exercício

Quadro Sonoro

Do estúdio, ouçam os sons da rua. Tentem identificar a fonte de cada som, sua direção, movimento e tipo. Escolham aqueles que são constantes e os convertam em seus acompanhantes permanentes. Por exemplo, o som da chuva, o rumor dos transeuntes etc.

Concentrem-se nos sons que lhes parecem predominantes: o barulho de um carro, o estrondo de um trovão ou a voz de alguém. Esses são os ruídos de primeiro plano e formam o "texto" principal do quadro sonoro. Identifiquem a consonância e o barulho dominante. Ouçam toda a polifonia, separando as partes solo dos diferentes instrumentos. Vamos criar um quadro sonoro.

Ouçam o ritmo de sua cena, de seu monólogo. Não procurem o conteúdo imediatamente. Esse é um erro cometido com frequência. O ritmo e o conteúdo não estão em perfeita união, mas apenas sobrepostos, e cada um tem seu caminho. Leiam algumas palavras com um ritmo.

Geralmente, o ritmo é o conteúdo e é ele que o fornece. As frases dos rituais religiosos, encantamentos e cânticos normalmente compõem-se de uma combinação de sons esvaziados de sentido, como uma recitação fluida "extática". Portanto, não é o sentido ou o conteúdo desses sons que têm importância, mas seu ritmo. Os crentes entram em transe em razão desse ritmo. Na maioria dos textos antigos, a forma e o ritmo não são menos importantes do que o conteúdo. Se não acreditam, observem o som dos nomes dos lugares e cidades mais antigos. Eles não têm fundamento – nenhuma etimologia encontrará uma origem que possa explicar essas palavras. Os nomes recentes já não têm esse tipo de vibração sonora.

Resumindo: ouçam o ritmo. Não façam apenas uma imagem do conteúdo da cena. Se vocês basearem seu trabalho na identificação do conteúdo, construirão um "castelo de areia", que desaparecerá sem deixar rastros... Se ouvirem o ritmo, ele os guiará com seu conteúdo invisível; isto é o mais importante: captar o pulso da cena. A medicina oriental faz o diagnóstico por meio do pulso.

Exercício

Combinação de Sons

Ouçam atentamente todos os sons circundantes:

- os sons de fora da janela;
- os sons de dentro do edifício;
- os sons de dentro do estúdio;
- os sons de seu interior.

Após esse exercício, façam uma lista de todos os sons que lembrarem e componham uma história com eles: criem uma narrativa curta.

Agora ouçam o som mais distante. Depois o mais próximo. Vamos dar ao som mais distante o número 10. E ao mais próximo, o número 1. Marquem todo o caminho sonoro de 1 a 10 com todos os pontos intermediários (2, 3 etc.) e façam esse caminho.

E agora encontrem uma combinação desses pontos sonoros. Por exemplo: 4, 7, 2, 9 e ouçam, separando-os dos outros.

Da mesma forma, identifiquem o som mais alto e o mais suave. Estreitando e ampliando seu círculo de atenção para os sons que os rodeiam, vocês ganharão a habilidade de "separar o joio do trigo", não precisando ouvir "lixo" sonoro.

Ouçam apenas os sons que emanam de:

- fontes vivas (pessoas, pássaros, animais);
- fontes inanimadas.

Encontrem uma composição de sons para seu monólogo ou para a cena na qual estão trabalhando no momento.

Apontamentos

O ator tem uma habilidade especial para perceber a energia sonora e nutrir-se dela. Em Barcelona, no novo, lindo e recém-construído prédio do Instituto Teatral, os auditórios estão "mortos". A vida dos estudantes aqui funciona com um horário exato. Não há tempo suficiente para os atores chegarem, conhecerem o estúdio, se familiarizarem com ele. Os estúdios não conhecem os atores, os atores não conhecem os estúdios. É impossível trabalhar assim. Isso me frustrou.

No terceiro dia, cheguei ao estúdio duas horas antes do treinamento, coloquei um concerto de Schumann, fechei a porta e fui embora por uma hora. Voltei, me sentei um pouco e observei atentamente. O estúdio havia despertado. Os alunos chegaram. O auditório já estava aquecido e vivo. Não comentei nada sobre isso com eles. Foi uma boa reunião. No dia seguinte, fiz o mesmo, mas sacudi o espaço com meu rock *favorito por cerca de quarenta minutos. A aula passou como um* flash*. Assim, todos os dias eu mudava o tipo de música, e a qualidade da carga energética do estúdio, dos alunos e de toda a aula mudava drasticamente.*

Para preencher energeticamente um espaço, pode-se usar sons e textos específicos.

As orações dos paroquianos em um santuário: o santuário de manhã e o santuário à noite são espaços diferentes.

Exercício

Análise Com a Visão

Identifiquem os objetos brilhantes e os objetos opacos da sala. Criem uma sequência de dez objetos, do mais brilhante para o mais opaco.

Passem seus olhos ao longo dessa cadeia, indo e voltando.

Façam isso novamente, mas dessa vez com os olhos fechados.

VARIAÇÃO 1

- Identifiquem a área mais iluminada e a mais escura da sala.

- Observando dez áreas intermediárias de luz, sigam com os olhos todo o caminho da mais iluminada para a mais escura e depois façam isso com os olhos da mente (com os olhos fechados).

- Identifiquem os objetos com mais peso e os com menos peso.

VARIAÇÃO 2

- Identifiquem o objeto mais macio e o mais duro.

- Identifiquem o mais quente e o mais frio.

VARIAÇÃO 3

- Façam uma lista de dez objetos da sala por ordem de "idade".

- Escolham objetos na sala que tenham uma "biografia" visualmente expressiva e expliquem sua escolha.

- Indiquem objetos que tenham um simbolismo mítico: "maçã", "espelho" etc.

VARIAÇÃO 4

Movam o olhar de um objeto para outro, alternando seu foco nas características: frio, distante, velho, brilhante etc.

Quando trabalharem em seu monólogo, tentem fazer com o texto o exercício descrito anteriormente. Isto é, definam as palavras mais brilhantes e as mais escuras, por exemplo, ou as palavras que têm um simbolismo mítico etc.

9H40

Faltam vinte minutos para o início da aula. Todos esses exercícios que eu descrevi até aqui não são a parte principal do treinamento, mas a preparação do espaço onde o treinamento ocorrerá. Vamos continuar. Abram as janelas. Deixem a luz da manhã entrar na sala. Vamos criar o máximo de saturação de luz.

Antes dos meus quarenta anos, eu achava que a borboleta voasse porque era uma borboleta, mas descobri recentemente que não é bem assim. Ela voa principalmente porque se nutre de luz. Voa até que seu pólen iridescente se esgote. E o ator tem sua própria força iridescente. Ele também percebe a força da luz. Esta age em sua psique, em seu sistema nervoso, alterando seu potencial energético. Todo o seu processo mental se torna claro ou até muda quando as fontes de luz mudam. Se vocês alterarem o ângulo de luz que cai sobre o palco ou mudarem a iluminação drasticamente, haverá um efeito energético muito forte.

Nada se compara ao "poder nutricional" das ondas de luz. Não lhes aconselho a treinarem em uma sala com paredes pretas. A melhor interação com a luz ocorre em um auditório branco ou claro. É melhor de manhã, com as janelas abertas aos raios de sol.

Os tons mais sutis de diferentes cores, assim como a própria luz, são capazes de mudar nossa disposição de espírito, impulsionando a imaginação. Uma mudança das cores, das fontes de luz ou de sua intensidade altera a qualidade e a quantidade de energia. A cor e a luz podem deixar o treinamento mais produtivo e bonito.

Exercício

Ver o Invisível

Examinem a sala onde ocorrerá a aula e identifiquem as características dela: idade, personalidade, particularidades de seu comportamento etc. Vocês devem narrar ou, se quiserem, escrever uma história sobre a sala como se ela fosse um ser vivo.

Peguem um objeto do espaço para estudar e o examinem mais detalhadamente. Imaginem os eventos que ocorreram na vida dele. Sua imaginação deverá basear-se unicamente nos detalhes do objeto.

Peçam a um de seus colegas para acrescentar um ou dois detalhes nesse objeto antes da próxima aula. Depois disso, tentem identificar o que mudou.

Apontamentos

Tudo aconteceu por acaso. Desde o início do meu trabalho como diretor no primeiro teatro onde trabalhei, eu era obrigado – como um novato na escola – a assistir aos espetáculos de outros diretores à noite e a anotar as falhas da disciplina criativa, isto é, a manter uma caderneta de anotações. Eu fazia aquilo com má vontade e, durante a maior parte do tempo, ficava pensando como encenaria a minha primeira produção. Um dia, eu estava tão absorto em meus pensamentos que não percebi que o espetáculo havia terminado há muito tempo e que eu estava sentado sozinho na plateia. Ao terminar de desmontar a cenografia, os técnicos foram para casa. Depois de colocar uma lamparina no arco do proscênio, o segurança foi dormir. Eu subi no palco. Ele estava vivo. Todo o prédio do teatro estava frio e morto, mas o palco estava vivo e quente. Ele sussurrava e se movimentava como se alguém andasse agitadamente em torno dele, rindo, chorando e respirando profundamente. Eu sentia claramente que estava no centro de ação de algumas forças até então desconhecidas para mim. Como uma corrente de água, eu era impulsionado por ondas de sentimento e paixão.

À noite, eu não conseguia dormir: o espaço do palco compartilhou comigo um importante segredo, mas eu não sabia o que fazer com ele. Pela manhã, quando cheguei ao teatro antes dos outros, o palco já estava morto. A diferença era tão impressionante que eu compreendi que minha futura produção não deveria começar com um palco "morto". Então, tomei a decisão de apresentar meu espetáculo imediatamente depois do anterior, que aqueceria, por assim dizer, o espaço para mim. Com grande dificuldade, consegui quebrar a inércia da administração (era 1974, URSS!), mudar o planejamento do repertório do teatro, o tradicional horário de início da performance etc. Consegui convencer os técnicos a realizarem uma troca rápida de cenografia, luz, adereços e figurinos. Tudo era feito para trazer de volta o sentimento daquela noite inesquecível. O sucesso da minha produção entre o público estava garantido desde o primeiro minuto; em grande parte, pelo fato de eu usar a energia que já existia. Meu espetáculo era iniciado na onda da performance precedente. E, assim, o espaço do palco e do salão já estava cheio de energia. Para os atores, era fácil atuar ali; a conexão com o palco, com os companheiros e com o espectador já estava estabelecida por si só. Sempre me lembrarei desse exemplo e daquele momento a partir do qual tive um vivo interesse e uma maior atenção ao espaço do palco ou do estúdio.

9H45

Desde os tempos de escola, conhecemos a lei segundo a qual a energia não desaparece, mas se transforma. No teatro, também podemos usar essa máxima. O ator que for capaz de explorar o grande sistema energético, aprendendo a identificar os locais de ótima energia e a prepará-la no espaço de trabalho, obterá resultados particularmente especiais. Esse campo pouco explorado no teatro – a energia do espaço do palco – dá ao ator e ao diretor enormes possibilidades. Mas poucos as utilizam. Viajando com a lendária produção de A. Vasiliev, *Seis Personagens à Procura de um Autor*, de Luigi Pirandello, por quase todos os prestigiados festivais do mundo, posso dizer honestamente que utilizamos não menos que cinco dias inteiros de ensaio para preparar a energia do espaço do palco e apenas um dia para resolver questões técnicas. Acreditem em mim, não era fácil incluir nos contratos uma semana para preparar o espaço, mas o resultado justificava os esforços.

Quando o ator começa a confiar no espaço em que irá trabalhar, ele passa a confiar nos sentimentos, no movimento, nas palavras e em si mesmo; e então o espaço começa a confiar no ator e a permitir que ele faça o que quiser – foi o que meu pai me ensinou, após ter trabalhado com cenografia teatral por quase cinquenta anos. Os *designers* de palco conhecem esse segredo da relação de confiança com o espaço.

Exercício

Olhar Filosófico

O jogo preferido de Buda com seus alunos consistia no seguinte: o professor lançava ao ar uma palavra e os alunos tinham que criar todo um pensamento em torno dela. Não há exercício mais sábio para a percepção do ator, para seu modo de pensar e sua capacidade de analisar um texto. Palavras e frases como essas – sozinhas, como pontos de referência – podem traçar toda a imagem do palco: sua atmosfera, seu significado e sua filosofia. Com essa imagem, é fácil identificar que sentimentos estão consumindo o ator, qual seu campo de atuação.

> Andando pela sala, prestem atenção em algum objeto. Não parem de jeito nenhum, continuem a andar, tentando descrevê-lo com três palavras. É importante retê-lo em sua imaginação, mas não parem em frente a ele como uma estátua.
>
> Vocês encontrarão esse objeto, adereço, item da cenografia ou figurino novamente, hoje, amanhã ou em algum outro momento no futuro. Então, uma conexão viva imediatamente surgirá entre vocês, como entre dois velhos conhecidos.

Não posso deixar de contar. Em 2001, fazia quase dez anos que eu morava e trabalhava na Europa, quando fui convidado a dar algumas *master classes* na Olimpíada Teatral de Moscou. Meu primeiro teatro havia mudado para um edifício maravilhoso, novo e grande. Muitos profissionais eram desconhecidos para mim. No *foyer*, predominavam o ruído, o tumulto e a imprensa. Poucos ali ainda se lembravam de mim. Sentia-me um convidado. Subi no grande palco. Não havia ninguém lá. Penumbra. Em uma das cadeiras estava meu chapéu, com o qual atuei em *Seis Personagens à Procura de um Autor*. Interpretei esse papel durante três anos. *J. Alschitz*, estava escrito no interior do chapéu com lápis preto. Não havia mistério. Ele estava esperando por mim, como um membro da família. Para alguns, era a Olimpíada Teatral; para outros, a realidade mágica do teatro. Quem não tem uma relação com o palco, com os adereços e com o figurino que usará na encenação tal como tem com os seres vivos não conseguirá nada no palco. Isso é certo.

VARIAÇÃO

Peguem um monólogo com o qual vocês estão trabalhando neste momento e tentem expressá-lo em três palavras. Como um haicai:

Nossos dois séculos mais longos...
Entre nós um jarro com ramos
De uma cerejeira florescente.[2]

Há toda uma imagem, mas apenas três linhas.

VAMOS COMEÇAR! VAMOS COMEÇAR!

Não posso e não quero começar a trabalhar com um ator que acaba de chegar "da rua" para um ensaio. Eu mesmo chego cedo e caminho pelo palco até, finalmente, o espaço me aceitar. E estremeço quando um ator aparece no teatro com casaco e botas sujas, segurando um Big Mac e uma Pepsi. Lembro-me de meu amigo, o abade de uma pequenina igreja na Itália, dizendo que basta um turista entrar durante a missa para sentir uma pontada nas costas: a atmosfera muda. O teatro também deve acatar as regras elementares de higiene exatamente dessa forma, defendendo-se da sujeira da vida circundante. O treinamento é necessário para que não se traga o lixo das ruas para o teatro. O treinamento é nossa principal defesa. O treinamento é o território entre a porta do edifício que dá para a rua e a porta que dá para o dormitório. A antessala. O corredor. O purgatório.

Exercício

Cruzando Fronteiras

O treinamento é o cruzamento de fronteiras. E sugiro que cada ator tenha seu próprio

---

2 Todos os haicais citados no livro são de Matsuo Bashō.

caminho, seus segredos especiais para cruzá-las. Caminhem pela sala, estudando-a, e decidam em que momento vocês não terão medo de fechar os olhos e continuar o seu movimento. É fácil. Vocês sentirão que o próprio espaço lhes permitirá fazer isso e, a partir daí, é ele que os conduzirá. Assim que ouvirem qualquer "obstáculo", como, por exemplo, o rangido do assoalho, parem, ouçam o espaço lhes dizer qual direção seguir e caminhem corajosamente. Não tenham pressa, a velocidade não é importante. Depois de alguns instantes, vocês abandonarão o fluxo subjetivo de tempo e ocorrerá uma completa fusão psíquica com o espaço do palco. Uma nova percepção de tempo lhes trará uma nova informação, e vocês descobrirão sentimentos que até então desconheciam e que os levarão a uma nova percepção do espaço. É dessa forma que um caçador profissional liga-se ao mundo da floresta. Eu extraí esse exercício de seus relatos. O caçador começa a escutar a respiração dos animais, a energia das árvores e até mesmo a conversa dos pássaros. Ele se funde com esse mundo e esse mundo lhe revela seus segredos. O mesmo acontece com o ator no palco.

VARIAÇÃO 1
Tentem aplicar esse exercício a um monólogo com o qual vocês estão trabalhando. Não vale a pena fazer isso mecanicamente – sintam vocês mesmos o momento de começar. Permitam que o monólogo ressoe primeiro

dentro de vocês; em seguida, haverá a necessidade de um som em voz alta; depois, a articulação de uma palavra; uma frase inteira; e, finalmente, o texto do monólogo. Não tenham pressa. O texto não deve ensurdecer a sua "conversa" com o espaço. Prestem atenção às pausas do monólogo. Elas serão preenchidas com um conteúdo especial, novo para vocês.

VARIAÇÃO 2
A mesma "caminhada", mas com duas pessoas juntas. Isso é especialmente útil quando vocês estão preparando um espetáculo ou uma cena, um diálogo para dois atores. Ouvindo o ritmo de seus passos e a respiração do seu companheiro, vocês entrarão em um estado psíquico; haverá um sentimento de presença coletiva em um espaço e tempo unificados. Haverá uma nova estratégia para o diálogo, um novo conceito de conflito, e um novo conteúdo será revelado.

Não se esquivem de ir ao estúdio antes do treino para falar com o espaço. Ele lhes dirá tudo: como interpretar a cena e como realizar o espetáculo. É verdade!

VAMOS COMEÇAR! VAMOS COMEÇAR!

Costumo observar os atores que chegam de manhã para treinar. Por que eles vêm? Por uma determinação da administração da escola de artes dramáticas ou do teatro ou por uma ânsia pessoal, às vezes inconsciente, de realizar uma atividade mágica? O que eles esperam do treinamento? Para mim, pessoalmente, o treinamento é um ato metafísico. Se o ator, ao chegar ao treinamento, não se esforça para ir de uma realidade a outra, então não é útil para ele. Uma total perda de tempo. Eu diria mesmo que, nesse caso, o treinamento, além de perigoso, é um adestramento.

9H50

Acho importante que os atores comecem a aula de maneira independente e não sob a supervisão do professor de teatro ou do diretor. Ninguém está forçando ninguém. Cada um por si. É de vital importância que o ator tome sua própria decisão para começar e não por ordem do chefe de comando da estação ferroviária: "Vamos começar! Vamos começar!"

Não tenho a intenção de acordar os atores logo cedo após uma noite feliz. Se eu disser que o treinamento é às 10 horas, sei que os atores se reunirão antes disso e dedicarão cerca de vinte minutos ao aquecimento e à preparação individual para o encontro com o professor e para seu treinamento. Um se estende no chão, outro pronuncia sons estranhos junto à parede, alguém se apoia sobre a cabeça, sem respirar. Os atores costumam chamar esse tipo de aquecimento individual de "liberação". Mas compreender a liberação apenas como relaxamento não é suficiente. Stanislávski escreveu detalhadamente sobre isso em *A Preparação do Ator*. A liberação é interior. Esse é justamente o objetivo de todas as religiões, de todas as épocas e povos e de todos os treinamentos. Há aí um significado muito maior do que um simples relaxamento dos músculos e da mente. Todos os exercícios antes do treinamento devem liberar internamente o ator para que ele possa, em seguida, acumular e ser preenchido. O ator deve estar preparado para a acumulação.

A liberação é a preparação de seu campo para a semeadura, para que a semente germine. É a preparação do vazio no intuito de preenchê-lo.

Naturalmente, o caminho para a liberação é um assunto pessoal. Não há um conjunto de exercícios que atenda a todos os atores.

A julgar por mim mesmo, é melhor que o ator escolha os exercícios que facilitarão a sua própria liberação. É como religião: vocês decidirão se são católicos ou budistas. Isso é seu. Sua oração, sua conversa. Nesse campo, vocês ouvem as respostas. É por isso que, ao extrair esses exercícios do contexto da aula de teatro, eu coloco nas mãos dos próprios atores essa parte da "transição" ritual. É sua decisão, seu assunto, sua escolha.

Eu gosto do fato de que não há exercícios semelhantes, que cada um faz os exercícios e utiliza o sistema que o ajuda a se mover do território da vida para o território da arte. Gosto de observar como cada ator afina seu instrumento, tal como os músicos de uma orquestra afinam os seus antes de iniciar o concerto. A afinação é, para mim, uma música linda e surpreendente. Ainda não há qualquer harmonia, ritmo definido ou melodia refinada. Mais tarde, tudo isso se reunirá em um só ser, movendo-se de acordo com uma única lei e seguindo as mesmas regras. Todos estarão juntos, mas cada um trabalhará por si. Um conjunto nascerá da união de diferenças. Mas aí já será uma música totalmente diferente.

VAMOS COMEÇAR! VAMOS COMEÇAR!

9H55

Agora. Outra coisa que eu gostaria de dizer. Não cheguem correndo para o treinamento no último minuto. Saiam de casa com calma, organizem o seu trajeto sem pressa. Andem pela rua um pouco mais lentamente do que o normal. Deixem de ser escravos da pressa. Isso é importante. A experiência de vida na rua oferece pouca ajuda para nossas vidas no palco. Precisamos nos desligar. Utilizem o caminho até o teatro ou escola como um treinamento especial, um treinamento de renúncia aos reflexos e instintos cotidianos da pessoa comum – lutem por uma vida melhor. Não deem ouvidos! Não participem! Não olhem! Não briguem! Ouçam a voz de um pássaro no guincho de um carro, vejam o sorriso feliz de uma criança, certifiquem-se de realizar um gesto cortês! Tenho notado que o ator que chega da rua traz consigo para a classe, como regra geral, a mesma rua e sua agressividade. O professor de teatro deve perceber isso e ajudá-lo a evitar. A rua é mais forte que o ator. Há muitos obstáculos, e o ator os percebe como uma afronta pessoal. Ao lutarmos para nos desvencilhar deles, rompemos nossas defesas energéticas. Quebramos a nossa "personalidade". Destruímos a nós mesmos. A partir daí, surge uma carga agressiva que resulta em nossa "humilhação". O ator que chega para o treinamento nem percebe, mas ela existe.

O mesmo acontece com o professor que salta de um ônibus e sai correndo para o estúdio, chegando à classe no último minuto. Por favor, notem que a carga negativa do professor é muito mais ativa e perigosa para todo o grupo e para o bem comum. Então, é preciso eliminá-la imediatamente, removê-la, limpar tudo o que esteja gravado em vocês como os sulcos de um disco. Posso assegurar-lhes que fazer isso é muito mais complicado para um professor de teatro sozinho do que para um ator em um grupo de amigos. Portanto, não cheguem ao estúdio e não comecem a sua aula até terem certeza de haver removido toda a "camada de sujeira" da rua. É melhor chegar mais tarde do que levar "bactérias" com vocês.

Qual é a melhor maneira de ficar limpo? Se no caminho vocês encontrarem uma igreja vazia, entrem e fiquem lá por dez minutos ou mais. Se houver muita gente, andem junto à água – um rio ou uma lagoa. Ou simplesmente sejam os primeiros a chegar à classe.

Rua/teatro: isso é uma fronteira, e seu cruzamento é sempre estressante. Os acontecimentos na vida de uma personagem também são momentos de atravessar uma fronteira, e o que eu tenho notado é que a maioria dos atores interpreta as cenas de forma agressiva. Não há nada além de agressão. Esse é o resultado da constante e diária humilhação que o ator experimenta na vida e, acima de tudo, na rua. Isso deve ficar longe do palco. Como? Muito simples: treinando na rua. Além disso, antes de abrir a porta da fronteira – a porta do teatro ou da escola – perguntem a si mesmos: "Por que eu vim?"

Apontamentos

Mandamentos de uma escola de esgrima japonesa:

1. *Modéstia no seu estilo de vida, limpeza.*
2. *Eu sou o melhor esgrimista do mundo.*
3. *Esta é a minha última batalha.*

Os males do esgrimista:

1. *A vontade de vencer.*
2. *Usar truques técnicos.*
3. *Demonstrar tudo o que aprendeu, tudo o que sabe e tudo o que é capaz de fazer.*
4. *Desejo de desempenhar um papel passivo.*
5. *Desejo de evitar todas as doenças.*

Eu sou o melhor ator do mundo, este espetáculo é o meu último. Ele é lindo e tudo pode ser adaptado ao teatro. Como é maravilhoso atuar em cada espetáculo como se fosse o último da sua vida.

Exercício

Silêncio

Vocês já executaram uma série de exercícios preparatórios antes da aula. Agora vocês e o espaço que os rodeia tornaram-se amigos, preparados para trabalhar.

Não comecem imediatamente, sentem-se em silêncio por 2 ou 3 minutos. Não lamentem esse tempo. Admirem a limpeza e a ordem da sala. Sintam-se um artista sentado em frente a uma tela em branco. É um exercício simples. E, se vocês o fizerem, verão o resultado.

Lembro-me que na casa do meu pai havia uma tradição, provavelmente herdada de seu pai ou avô. Antes de uma longa viagem, depois de todo o frenesi dos preparativos, todos tinham que suspender a agitação e sentar-se em silêncio por pelo menos um minuto. Eu adorava essa pausa, quando meus familiares pareciam olhar para uma nova página, ainda não iniciada, mas já escrita para eles por alguém, querendo adivinhar o que aconteceria. Naqueles momentos, eles pareciam ter rostos diferentes, desconhecidos. Lembro-me de todos eles. Agora conheço todas as suas páginas: 1910-1983, 1917-1993, 1949-1986...

O que mais... Bem, o último exercício obrigatório antes de iniciar o treinamento. Um certo ritual. Ele pode ser criado pelos alunos ou pelo professor. Nos meus treinamentos, ocorre da seguinte forma: depois de terminar a preparação individual, os atores formam duas linhas, fazendo uma espécie de caminho e convidando o professor a entrar. O professor, em silêncio, sem pressa, percorre as fileiras dos atores, que confiam nele para executar a lição. Esse é sempre, para mim, um momento crucial. O professor, passando ao longo desse corredor, parando e virando para os atores, fecha o espaço, formando uma figura semelhante à letra U. São três lados fechados e um aberto. Esse é o sinal da escola = fronteiras + liberdade.

É uma espécie de ritual. O último exercício antes do início do treinamento: "A Trajetória do Dia".

Exercício

A Trajetória do Dia

Imaginem o planejamento de todo o seu dia criativo. Vocês começam com o treinamento. Para onde se dirigem em seguida? O que vem depois? Que cena ou monólogo irão preparar hoje? No que precisam prestar especial atenção durante este trabalho? Que resultado esperam e o que gostariam de alcançar? O que querem descobrir hoje sobre sua personagem, sobre si mesmo e sobre o teatro?

Assim, montem detalhadamente um planejamento criativo do dia, com uma composição[3] precisa e os resultados esperados. O final não deve ser abstrato, mas experienciado da forma mais concreta e emotiva possível, atraindo-os como um ímã. O desenho deve ser composto de não menos que cinco ou seis partes principais.

Após chegar ao seu final imaginado, retornem ao início, ao momento presente, ao início do treinamento.

O professor é o primeiro a cumprimentar os atores: "Bom dia"; os atores respondem e cumprimentam seus colegas. O treinamento começa.

---

3   Ver, a respeito de composição, o capítulo 5, "O Caminho". (N. da T.)

Uma trajetória começa e vocês sempre podem relacionar cada uma das etapas com o final. Tudo o que fazemos tem um propósito concreto e um significado definido; esse é um contínuo processo de movimento em direção a um resultado planejado. O encontro acontecerá dessa maneira (acontecerá mesmo?), tal como a sua imaginação o desenhou, sem que ninguém soubesse. Comecem o dia como se colocassem uma folha em branco à sua frente, como se estivessem entrando no mar ao amanhecer, como se estivessem abrindo a cortina do seu teatro. Caso contrário, por que começar?

VAMOS COMEÇAR! VAMOS COMEÇAR!

10H00

O treinamento começa com…

Nada

Gosto de começar cada uma das minhas aulas com "nada".

Gosto quando não há nenhuma ordem no início e tudo está em fluxo. Tenho observado como os jogadores de diversos jogos embaralham as cartas, como agitam as pedras ou os ossos. Isso é mágico. Gosto da sensação especial relacionada à expectativa do que ESTÁ POR VIR.

Antes do nascer do sol, todos os seres vivos esperam pelo amanhecer. ALGO ESTÁ POR VIR. No teatro, esperamos a cortina subir. Os jogadores esperam para começar, mas o mesmo ocorre com as cartas. Funciona nos dois sentidos. Os atores e o público. ALGO ESTÁ POR VIR.

Então o sol nasce. As cartas são distribuídas. Os dados são jogados. ALGO ESTÁ AQUI. E os oprime. Com forte emoção e tristeza. ALGO ri com vocês. E joga com vocês. E vocês jogam. Totalmente felizes até que chega a noite para colocar um fim. Até o truque final. A última explosão de risos. É o fim do espetáculo. Escuridão. Tudo desaparece, como se nada tivesse existido. Um caos de sentimentos e ideias. NADA.

Com o novo dia, tudo começa do início, os grandes e os pequenos feitos começam do "nada".

E anoiteceu e amanheceu...

Mas, novamente, os ossos são agitados e jogados sobre a mesa.
E anoiteceu e amanheceu…
Mais uma vez, a cortina se abre e a música começa a tocar.
E anoiteceu e amanheceu…

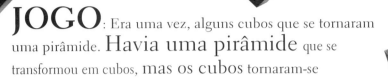

JOGO: Era uma vez, alguns cubos que se tornaram uma pirâmide. Havia uma pirâmide que se transformou em cubos, mas os cubos tornaram-se novamente uma pirâmide. A pirâmide desfez-se em cubos, mas os cubos se juntaram e se tornaram uma pirâmide. Então a pirâmide desmoronou em diferentes cubos. Esses cubos começaram a se organizar e conseguiram formar

uma pirâmide, mas a pirâmide

rompeu-se

novamente, então os cubos começaram a construir uma pirâmide mais uma vez e, quando **terminaram definitivamente**, a pirâmide desmoronou

e depois...

Apontamentos

...Para mim, o jogo não é uma competição nem um conflito. Não há vencedores nem perdedores. Eu vejo isso como um processo sem fim, no qual podemos nos descobrir e nos expressar. O sol toca na superfície da água – ele é refletido, ele brilha, mas não tenta ganhar. O vinho espuma na taça.

Exercício

A Multidão

Caminhem! *Andiamo!* Andem pela sala.

Esse é todo o exercício.

Os atores chegam à sessão de treinamento absolutamente despreparados. Essa é a realidade.

Andem por aí!

Vocês precisam dar-lhes tempo para que se reúnam. Para que caminhem juntos, conversem, vejam uns aos outros. Apresentem-se. Basicamente, para saírem juntos. Para que se sintam uma equipe, uma grande companhia. Ainda não é um teatro, mas já é uma companhia.

Andem por aí!

Peçam-lhes para andar por todo o espaço da sala. Para andar sem qualquer ordem. Para falar e fazer barulho uns com os outros. Não os deixem pensar que o trabalho já começou.

Andem por aí!

Ei, pessoal! Andem por aí! Eu nunca digo: "Silêncio!", "Não falem", "Concentrem-se". Eu espero.

Eu não olho para o relógio. Isso não é importante. O importante é esperar. Vocês verão. Eles já estão quietos por si sós. Eles se uniram por conta própria em uma nova molécula. Isso não existia antes. A atenção está aguçada. As relações estão mais fortes. Eles começam a adquirir seus próprios sinais.

Eis uma reviravolta incomum e um encontro inesperado!

No canto, uma máscara abandonada…

"Eu te vi pela primeira vez!"

Eles ficarão completamente diferentes. Por conta própria! Essa é a ideia. É assim que deve ser. Novas relações para um novo dia. É um novo papel; de modo nenhum, o de ontem. Novos parceiros, mas não muito semelhantes àqueles com os quais trabalhamos todos os dias. São novos sentimentos em relação a tudo o que nos rodeia. É como sair pela manhã de sua casa no campo e caminhar pela neve nova, branca e limpa.

> *O corvo mais feio*
>
> *Bonito na neve fresca*
>
> *Da manhã de inverno!*

- Quando é que o criador experimenta a maior felicidade: no momento anterior à criação ou no momento posterior?

- Em um mundo de cubos dispersos, há milhões de pirâmides. O artista escolhe apenas uma. E a constrói de maneira que o espectador veja tudo.

- Isso não é uma resposta.

- O que é isso?

- Nada.

- "Nada" contém todas as respostas. É do "nada" que devemos começar. Eu gosto de um começo assim. Gosto também de poesia japonesa clássica.

> *Primeira neve da aurora.*
> *Quase imperceptivelmente*
> *Inclina folhas de Narciso.*

Lindo...

Exercício

Bom Dia!

Livremente e sem pressa, caminhem pela sala cumprimentando seus colegas com as palavras: "Bom dia!" Não se apressem e não joguem palavras ao vento. Àqueles que estiverem no seu caminho, digam: "Bom dia!"

É preciso reavivar as palavras desgastadas e usadas da rua, que vocês trouxeram para o palco; ouvir o seu significado e transmiti-lo; ver a pessoa a quem vocês estão oferecendo essas palavras; e dizê-las novamente a cada um. Não importa se já se viram hoje ou não, se é dia ou noite. De qualquer forma, digam: "Bom dia!" Isso é um ritual. Do caos à precisão, ao ritual.

Foi assim que eu comecei um espetáculo em Stuttgart. Os atores entravam no palco e cada um dizia: "Bom dia!" Eles cumprimentavam uns aos outros e os espectadores que estavam próximos a eles. Creio que disseram as palavras "Bom dia!" não menos do que cem vezes.

Bom dia! Bom dia! Bom dia! Bom dia! Bom dia! Bom dia! Bom dia!
Bom dia! Bom dia! Bom dia! Bom dia! Bom dia! Bom dia! Bom dia!
Bom dia! Bom dia! Bom dia! Bom dia! Bom dia! Bom dia! Bom dia!
Bom dia! Bom dia! Bom dia! Bom dia! Bom dia! Bom dia! Bom dia!
Bom dia! Bom dia! Bom dia! Bom dia! Bom dia! Bom dia! Bom dia!
Bom dia! Bom dia! Bom dia! Bom dia! Bom dia! Bom dia! Bom dia!
Bom dia! Bom dia! Bom dia! Bom dia! Bom dia! Bom dia! Bom dia!
Bom dia! Bom dia! Bom dia! Bom dia! Bom dia! Bom dia! Bom dia!
Bom dia! Bom dia! Bom dia! Bom dia! Bom dia! Bom dia! Bom dia!
Bom dia! Bom dia! Bom dia! Bom dia! Bom dia! Bom dia! Bom dia!
Bom dia! Bom dia! Bom dia! Bom dia! Bom dia! Bom dia! Bom dia!
Bom dia! Bom dia! Bom dia! Bom dia! Bom dia! Bom dia! Bom dia!
Bom dia! Bom dia! Bom dia! Bom dia! Bom dia! Bom dia! Bom dia!

Bom dia! Bom dia! Bom dia! Bom dia! Bom dia! Bom dia! Bom dia!
Bom dia! Bom dia! Bom dia! Bom dia! Bom dia! Bom dia! Bom dia!
Bom dia! Bom dia! Bom dia! Bom dia! Bom dia! Bom dia! Bom dia!
Bom dia! Bom dia! Bom dia! Bom dia! Bom dia! Bom dia! Bom dia!
Bom dia! Bom dia! Bom dia! Bom dia! Bom dia! Bom dia! Bom dia!
Bom dia! Bom dia! Bom dia! Bom dia! Bom dia! Bom dia! Bom dia!
Bom dia! Bom dia! Bom dia! Bom dia! Bom dia! Bom dia! Bom dia!
Bom dia! Bom dia! Bom dia! Bom dia! Bom dia! Bom dia! Bom dia!
Bom dia! Bom dia! Bom dia! Bom dia! Bom dia! Bom dia! Bom dia!

Tudo se aqueceu. Alguém respondeu ao cumprimento. Começamos o relato sobre uma atriz pouco conhecida, Nina Zarétchnaia.

Exercício

O Cumprimento

Pontedera fica na Itália. Estive lá algumas vezes para encontrar-me e estudar com Jerzy Grotowski. Atualmente dirijo um curso para jovens atores no Centro de Pesquisa Teatral. No último dia de aula, precisávamos mostrar nosso trabalho. Um dia antes, não me contive e fui rude com um rapaz teimoso de Nápoles. Ele retrucou e todo o maravilhoso trabalho desmoronou como um castelo de cartas. Tudo se transformou em pesadas nuvens antes da tempestade. "Bom dia" não ajudaria – talvez fosse o momento de começar a estapear todo mundo. Mas, na verdade, por que não? É doloroso, mas adequado às circunstâncias. Eu sugeri isso e comecei a estapear, e recebi tapas também. Era justo. Tudo voltou ao normal, e realmente não havia qualquer razão específica para tudo aquilo. Assim surgiu o seguinte exercício, e depois outros que se juntaram à série "O Cumprimento".

Ao caminharem pela sala e se depararem com alguém:

- Digam uns ao outros: "Bom dia!" Não se apressem e não o façam de maneira formal.

- Apresentem-se, digam o seu nome de tal forma que transmitam o máximo de conteúdo possível: quem são vocês? De onde vêm? O que desejam? etc.

- Digam o nome do seu colega; ele deve dizer o seu. Um nome é um conceito energético. Deve-se descobrir a energia de um nome. Tenham em conta que por trás de seu nome está a sua individualidade, sua biografia, sua cultura, seu intelecto, sua religião, seu potencial emotivo etc.

- Deem um aperto de mãos – ele deve durar não menos do que dois ou três minutos; não o interrompa de forma alguma antes do encontro chegar ao fim. Vocês perceberão que a conversa terminou e não há nada mais a dizer. Descubram novamente o seu parceiro, isto é, encontrem nele o que passou despercebido ontem. Vocês vão descobrir que se conhecem muito pouco. E sentirão que esses dois minutos os aproximaram mais. Não se esqueçam que um aperto de mão é, antes de tudo, uma troca de energia. Uma pessoa pode mentir; a energia, nunca. Vocês podem trabalhar juntos durante cinco anos, mas descobrir o seu parceiro somente por meio desse breve aperto de mãos. Dois minutos não é nada, mas é muito.

- Estapeiem-se. Um tapa é sempre uma humilhação para o seu ego, perturbando não só o seu intelecto, mas também toda a sua natureza psicoemocional. A reação negativa a esse ato é contrabalançada pelo fato de que não se trata de um acontecimento "real", mas "teatral", e é por isso que há uma avaliação teatral e não autêntica dessa "humilhação". Isso é o que se exige do treinamento: substituir o sistema de avaliação que utilizamos na vida cotidiana por um sistema adequado ao palco. Um tapa sempre evoca uma reação energética forte, e vocês não precisam dá-lo com toda a força. Tomem cuidado para que o tapa não atinja a parte superior da bochecha, onde estão localizados os músculos e nervos ligados aos olhos e ouvidos. Deem o tapa sem força, mas bruscamente, na área entre a bochecha e o pescoço. Não se esqueçam de que serão os próximos a serem estapeados.

- Abracem-se brevemente, mas o mais forte que puderem. Depois, como se fosse pela primeira vez. Em seguida, como se fosse pela última vez. Tentem transmitir a seu parceiro todo o calor que puderem e, depois, receber todo o calor dele. Um dá, o outro recebe; em seguida, o contrário. Ao trocar energia com o seu parceiro, vocês o sentirão e sentirão a si mesmos como um todo.

- Cumprimentem-se com um tapa insolente nas nádegas. Não se limitem a um tapa fraco. A irritação das terminações nervosas nessa parte do corpo vai ajudá-los na descarga energética. Fujam desses tapas, mas se esforcem para estapear o outro. Esse tipo de cumprimento introduz um elemento de jogo e de humor e pode ser utilizado imediatamente após os tapas no rosto.

- Deem três beijos em cada um dos participantes do treinamento. Como se sabe, um beijo é um processo produtivo para um intercâmbio ativo e acumulativo de energia.

Inventem seus próprios cumprimentos e os sugira aos colegas. Tenho certeza de que se lembrarão de muitos ou inventarão dezenas de possíveis cumprimentos rituais, sérios e engraçados. E, depois de um tempo, vocês começarão a usá-los não só no treinamento, mas também em espetáculos e mesmo em sua vida cotidiana.

VARIAÇÃO

E, assim, vocês reuniram algumas variações de cumprimentos. Realizem cada um deles com o mesmo parceiro, alternando-os para que se forme uma cadeia de oito a dez cumprimentos: um beijo, um tapa, uma apresentação etc.

Não tenham pressa de passar de um cumprimento a outro. As pontes entre eles são importantes. As sementes de uma relação lúdica entre os parceiros surgirão durante as pausas. Vamos considerar esse cumprimento como parte de um monólogo.

Mais tarde, será útil incluir nesse exercício o texto de um monólogo com o qual vocês estão trabalhando. Por enquanto, os cumprimentos são diálogos. Quando encontrarem o seu parceiro, escolham quem deve começar, bem como a forma de cumprimento. Se vocês devem responder ao cumprimento, façam isso de forma que não coincida com o cumprimento recebido, por exemplo: se levaram um tapa no rosto, respondam com um beijo. Mais uma vez, são importantes as pausas e os vínculos. Vocês verão como começam a surgir esquetes, que mais tarde irão se transformar facilmente em cenas curtas e diálogos. A trama surgirá. Incluam o texto de seu diálogo na cena criada.

Apontamentos

Os exercícios podem ser diferentes: simples, complicados, tanto faz; isso não é tão importante. Mas é fundamental que eles funcionem como armadilhas. Deve haver uma simplicidade enganosa nos exercícios. Um exercício simples normalmente dispõe o ator para o trabalho; um exercício complicado normalmente o assusta. Não olhem os exercícios simples com desprezo. Eles são iscas e devem despertar o instinto do ator, perturbando sua psique e não apenas o seu intelecto. Posso dizer que, em geral, o treinamento que eu conduzo é divertido. E 90% dos exercícios que reuni são jogos. Vocês podem atrair um ator 100% em direção ao teatro por meio de jogos.

Perguntem a um mágico que acabou de dizer "abracadabra", ou qualquer outra fórmula mágica, se ele não está usando uma palavra muito simples e primitiva para os seus truques de mágica. "Sim, é primitivo", responderá ele, "mas nada mais transformará um rato em um leão".

Quando estiverem preparando uma peça, uma cena ou um papel muito complexos, não pensem duas vezes em começar com os exercícios mais simples. Uma pequena faísca é o início de um incêndio de grandes proporções. Vocês só precisam saber fazê-lo. Um treinamento de alto nível consiste em desenvolver cada um dos exercícios mais simples e levá-los ao limiar da cena.

Ao longo deste livro, falarei sobre educação teatral e treinamento para ator e diretor. Treinamento, para mim, não é apenas um conjunto de exercícios. Tenho certeza de que vocês, colegas, concordarão comigo que não há nenhum conhecimento ou treinamento universal para educar atores e diretores. Mas, infelizmente, uma técnica bem-sucedida uma vez torna-se um "método", um dogma do treinamento para algumas gerações. E isso é uma catástrofe para todo o teatro. Por isso acho importante que cada pessoa responsável pelo treinamento se pergunte como entende a palavra "treinamento". Se vocês a entendem como um método pronto, então se trata de algo imutável que se repete constantemente da mesma forma. É uma criação terminada, talvez até mesmo maravilhosa, mas uma criação morta. Existem muitos treinamentos mortos que ainda são usados no presente. Se vocês entendem a formação de atores e diretores como um processo vivo, então – como todo ser vivo – ela deve mudar constantemente, estar em movimento contínuo, não apenas em uma direção, mas em muitas ao mesmo tempo. Cada movimento deve ter a sua direção, o seu tempo e o seu espaço. Esse tipo de treinamento é construído de modo que tudo viva nele ao mesmo tempo; nem tudo segue uma sequência ordenada e rigorosa – uma coisa termina e outra começa –, mas tudo acontece simultaneamente. É assim que todos os seres vivos crescem, é assim que cada pessoa cresce; esse sistema, estabelecido pelo melhor professor, é construído pelas leis do caos.

Por isso acho que o treinamento deve ser um sistema aberto, que não só impedirá que os alunos se limitem ao uso de determinadas concepções artísticas, correntes ideológicas ou preferências de algum professor, como também lhes permitirá descobrir um amplo panorama do mundo do teatro, sem preconceitos, dogmatismos ou hierarquias.

Exercício

A Vida no Caos

Dentro das organizações, as pessoas têm um impulso de seguir o fluxo – o importante é não resistir, assim vocês sobreviverão. Esse princípio de existência em um rebanho se baseia em princípios elementares do instinto animal. Não há necessidade de pensar, prestar atenção não é essencial; simplesmente deve-se ser como todo mundo e seguir o fluxo geral – o instinto de sobrevivência. Vocês podem realmente criar algo quando estão marchando em fila? Tentem quebrar essa ordem, deixá-los viver no caos e verão como os rostos humanos imediatamente se reanimarão. A desordem desperta no homem um instinto esquecido – o instinto da auto-harmonia. Este o faz lembrar do conceito de beleza, força-o a pensar de forma diferente, a fantasiar e a criar. O caos faz do homem um artista. Eu começo o treinamento com o caos.

Aumentem a velocidade do seu movimento, mas não se toquem. Mais rápido! O mais que puderem. Definam seu caminho a cada instante. Corram – permaneçam nesse ritmo de 5 a 7 minutos. Tudo virá: boa concentração e obstinada atenção.

Sem alterar a velocidade, limitem a área de seu movimento e, em seguida, a ocupem novamente por completo. Toda a sala. Metade da sala. Um quarto da sala. Um canto bem pequeno e, depois, somente ao longo da parede. Não corram para o centro. Nele sempre há aglomerações; há mais liberdade nas periferias.

Dividindo mentalmente a sala em diagonais, ocupem rapidamente um lado; em seguida, passem rapidamente para o outro. Façam isso várias vezes. Observem a área desocupada, os cantos, as áreas irregulares, os amassados, os buracos. É aí que a energia se acumula. Vocês estão conseguindo olhar tudo? Então, mais rápido!

Apontamentos

Há uma referência na Bíblia *segundo a qual Deus criou a partir do nada: "No princípio, Deus criou o céu e a terra" (Gênesis 1: 1). A palavra* bará *("criou", em hebraico) significa "criou do nada, em um instante". A Bíblia diz claramente que, antes da criação, o Universo se encontrava em um estado de "abismo", isto é, não havia tempo nem espaço. Encontramos cada vez mais confirmações da veracidade das narrativas bíblicas nos resultados das pesquisas da física contemporânea. Desde os anos 1980, os especialistas em física quântica vêm desenvolvendo a Teoria da Grande Unificação (TGU). Essa teoria sugere que todo o Universo foi criado a partir do nada – fenômeno que os cientistas chamam de "vácuo quântico", que, ao ser exposto a energias superpotentes, começa a gerar matéria. Tudo isso se encontra no livro* Superforce[4], *do excelente físico britânico Paul Davies.*

Nesta obra, outra evidência bíblica é confirmada – o surgimento instantâneo do Universo: "Segundo alguns teóricos, a infraestrutura do Universo, tal como pode ser observada hoje, formou-se nos primeiros 10 a 32 segundos."

Exercício

Distância

Estabeleçam entre vocês uma distância geral para todos: de 1,5 a 2 metros, 0,5 metro, 3 metros. Comecem a correr ao redor da sala de maneira caótica. Prestem atenção para que a distância entre vocês e seu parceiro não aumente ou diminua. Devido às constantes mudanças de velocidade e distância, o caráter de seus movimentos e, mais importante ainda, o caráter das relações entre vocês será desigual e imprevisível.

O treinamento é um ajuste da distância. É a possibilidade, para um ator, de estabelecer uma distância entre ele e a realidade cotidiana. Esse é o início correto do processo de aprendizagem. Um ator precisa de distância para olhar a si mesmo. Precisa desprender-se de si mesmo para se compreender. É como morrer e se ver, ver a sua própria vida. Isso não significa se afastar de si, significa voltar-se para si. É como uma separação de si mesmo a partir de certa distância. Esse é o método que Deus utilizou desde o início para separar a luz da escuridão, o céu da terra, a terra da água e

---

4   P. Davies, *Superforce: The Search for a Grand Unified Theory of Nature*, London: Heinemann, 1984, p. 14.

assim por diante. O céu precisa de altura para conhecer a terra. E, somente a partir de certa distância, a terra aprecia a beleza do céu.

– E o que acontece no teatro?

– Exatamente o mesmo. Um é separado do outro. O espaço é dividido: o auditório – o palco. O tempo é dividido: a peça – o espetáculo. E as pessoas são divididas: os atores – os espectadores. Com distância, é mais fácil entender o que era, o que é e o que será. É mais fácil entender o mundo e a si mesmo. Assim, a alma está separada do corpo. Ela sai. E o ator, quando está envolvido no treinamento, se afasta. Ele sai para tornar-se outro. Ele também se separa. Ele vai em direção a si mesmo. É impossível dizer se ele chega. Acho incorreto. Mas, de fato, ele vai em direção a si mesmo. O treinamento é uma estrada sem fim que se afasta. Bem, a terra, pelo menos, olha para o céu continuamente.

Ouçam:

> *Um potro nos campos*
>
> *Mordiscando a grama, contente,*
>
> *Um descanso durante as viagens.*

Exercício

Partículas Moleculares

Uma corrida livre e leve pela sala. De antemão, decidam quais atores do seu grupo são partículas carregadas "positivamente" e quais são carregadas "negativamente". Pelas leis da física, partículas com cargas opostas se atraem e com carga idêntica se repelem. Enquanto vocês se movem, estão autorizados a ficar ao lado daqueles com carga oposta, mas proibidos de ficar a menos de um metro dos que têm carga idêntica à sua. Há também um grupo de partículas "neutras". Elas podem cruzar com todas. Depois, ao sinal do professor, mudem a sua carga para uma diferente.

VARIAÇÃO

Variem esses exercícios, com algumas condições novas. Por exemplo, espalhem algumas bolas de tênis pelo chão e corram, evitando tocá-las, ou substituam as bolas por velas acesas. Se apagarem a luz, ficará bonito: velas acesas, sombras enormes, pessoas correndo em silêncio e de forma caótica. Música. Teatro. O palco está pronto. Um exercício simples. Tentem.

Apontamentos

Não gosto quando o dia começa a todo vapor, como uma explosão de trompete. Quero que haja algum tempo antes do amanhecer. Desnecessário e deslocado. Que me atraia à vida diurna. E os exercícios devem ser iscas ou armadilhas que atraem o ator para o treinamento, para o trabalho. E por que não deixar os exercícios fazerem o ator, em vez de o ator fazer os exercícios? No início, o ator simplesmente tem que viver, jogar um jogo. Ele não precisa passar pela estação chamada "início".

Comecem com o "nada", assim como Deus criou nosso mundo a partir do caos do Universo. E o façam de forma simples e também, em minha opinião, divertida.

Tudo vai desmoronar novamente…

(*Nós também vamos desmoronar!*)

Mas tudo será criado de novo…

(*Nós também criaremos!*)

Foi Ele que nos mostrou esse jogo; maravilhoso e amado por todos – eterno, se quiserem. Chama-se "vida". Do "nada" nos tornamos "algo", depois esse "algo" irá desmoronar e nos transformaremos novamente em "nada".

Assim, verifica-se que sem esse "nada" não se pode fazer algo. O "nada" é a matéria-prima para tudo. É por isso que eu começo com ele.

Eu gosto deste início:

> *Uma manhã de primavera.*
> *Acima de cada colina anônima*
> *Uma névoa transparente.*

capítulo Dois

No
Exterior

Se o treinamento é um cruzamento de fronteiras, os atores me lembram um pouco os *stalkers* (perseguidores)[5]. Eu comecei a me empolgar com esse tipo de perseguição cerca de quarenta anos atrás. Eu adorava a palavra inglesa *training*. O próprio Jerzy Grotowski trabalhava no desenvolvimento de um treinamento especial... e eu me lembro como meus amigos e eu anotávamos a mão seus exercícios, até tarde da noite. Naquele tempo, na Rússia, trabalhar o treinamento com os atores era considerado muito "contemporâneo", levando o diretor a um nível qualitativamente diferente na forma de pensar sobre o seu processo teatral. Os grupos alternativos já ensaiavam novos métodos de trabalho, mas a maioria dos teatros financiados pelo Estado era extremamente cautelosa e não se apressava em introduzir algo novo. Naqueles anos, eu me dedicava a realizar espetáculos e ganhava muita experiência como diretor. E cada vez que eu assistia a uma produção em algum teatro, dizia aos atores que meus ensaios seriam precedidos do treinamento. Isso suscitava interesse entre os jovens atores e irritação entre os mais velhos. Por algum tempo, consegui convocar os atores uma hora antes dos ensaios para aumentar as suas minguadas energias, alongar seus corpos sonolentos e fazer pelo menos algum esforço para reanimar seu pensamento criativo.

---

5   Referência ao filme *Stalker* (1979), de Andrei Tarkóvski, baseado no livro *Piquenique à Beira da Estrada* (em russo, *Picnic na Obóschine*, 1971), de Arkadi e Boris Strugatski. (N. da T.)

Realizar o treinamento não era tarefa fácil. O número de atores que desejavam participar diminuía dia após dia. Isso me doía. Eles encontravam pretextos e se desculpavam. À medida que a noite de estreia se aproximava, um número maior se interessava apenas pelos ensaios e por aquilo que lhes traria sucesso diretamente. Eles sentiam que os exercícios do treinamento não só não garantiam o sucesso, como também os distraía da tarefa principal. Lembro-me de um ator mais velho que me levou para um canto e me perguntou sem rodeios: "Você veio ao nosso teatro para ensinar ou para montar um espetáculo?" Foi então que eu assimilei uma regra importante: ao realizar o treinamento, o ator deve sentir constantemente que cada exercício está relacionado de forma prática ao seu trabalho em um papel específico. É assim que se constrói a psicologia de um ator. O ator é o dono do seu papel. Ele tem mentalidade de proprietário. E não há nada de ruim nisso. O professor de teatro sempre deve ter em conta essa questão. Mas eu não pensava assim naquela época. Eu desempenhava ao mesmo tempo o papel de diretor, responsável pela produção da peça, e o papel de professor, que queria fazer os atores descobrirem algo novo em si mesmos e na sua profissão. Basicamente, todas as minhas tentativas de treinar os atores no teatro foram um fiasco.

Enquanto eu continuava a trabalhar como diretor em diversos teatros, tentei despertar o interesse dos atores em minhas ideias sobre o processo teatral, mas exceto a sua curiosidade, nunca encontrei ninguém que concordasse em dedicar um longo tempo ao treinamento. Para eles, a escola de teatro havia acabado. E buscavam o "novo" em sua profissão na área do cinema ou da televisão. Assim terminou meu primeiro amor por essa maravilhosa palavra: treinamento.

Quinze anos depois, reiniciei minhas sessões de treinamento no famoso teatro de Moscou, chamado de Escola de Arte Dramática, um dos teatros mais vanguardistas daquele tempo. Havia muitos professores e muitos treinamentos diferentes. Os atores participaram das atividades com interesse, embora na maior parte dos casos fosse mais por obrigação do que para descobrir algo novo. Mesmo hoje, tenho a impressão de que a maioria dos atores não tem muita confiança no treinamento. Os alunos o fazem com prazer no estúdio, mas como profissionais que estão terminando a sua formação... Eles não são necessariamente contra o treinamento, mas na melhor das hipóteses o veem como um jogo escolar, um passatempo. O treinamento não se arraigou amplamente na prática teatral. Os atores não sentem uma necessidade interior ou, mais precisamente, uma necessidade artística em relação a ele. Mas nos últimos anos a situação melhorou e os atores estão começando a entender que é justamente no treinamento que está o segredo de sua longevidade artística.

Como diretor-professor, comecei a conduzir meus cursos nesse teatro. Meus primeiros alunos eram atores europeus que foram a Moscou para uma especialização. Ao tropeçarem na barreira da língua, naturalmente se interessaram mais pelos exercícios. Esse interesse me ajudou a recuperar a autoconfiança e a amar novamente o treinamento. Assim, comecei a criar minha própria metodologia de treinamento. Lembrei-me dos exercícios de meus professores, criei os meus próprios exercícios, recolhi informações sobre o treinamento teatral de diferentes escolas de teatro de todo o mundo, até que tudo isso formou uma base. E quando você tem uma base para o trabalho, os exercícios aparecem muito rapidamente. Esse foi o primeiro período da criação do "meu" treinamento.

Em segundo lugar, vieram a sistematização e o desenvolvimento do treinamento de acordo com diferentes temas. No início, eu estava interessado em improvisação, então desenvolvi uma metodologia para estimular a criatividade do ator, bem como sua capacidade de criar durante a atuação. A terceira etapa foi a transformação de cenas, monólogos e diálogos das obras de um determinado autor em exercícios de treinamento. Creio que o mais complicado e o mais importante no trabalho do professor é a capacidade de relacionar o treinamento com o papel do ator em uma peça.

Dominar o treinamento de atores me ajudou a ficar de pé, por assim dizer, depois que eu saí da Rússia e me vi em um espaço teatral estrangeiro. Devido unicamente a uma considerável bagagem de exercícios, consegui adaptar o meu trabalho rapidamente e com sucesso aos atores europeus. Na Europa, os atores confiam no treinamento, nos jogos e na ação física mais do que na análise de suas vidas interiores. Graças ao fato de que, na Rússia, eu havia desenvolvido exercícios através dos quais as estruturas teatrais de atuação se revelam justamente na vida interior, oculta, do ator e do *personnage*[6], meu treinamento foi uma novidade. O treinamento também me ajudou a superar a barreira da língua que, naturalmente, surgiu quando comecei a trabalhar na Europa. Dar aulas, ministrar palestras e realizar análises textuais sem um conhecimento suficiente da língua era problemático. Havia apenas uma forma de resolver isso rapidamente: dar aos atores exercícios que explicariam tudo o que eu não podia expressar em palavras. Nos primeiros anos, criei uma grande quantidade de exercícios sobre diferentes temas, inventei dezenas de exercícios de treinamento para a preparação de cenas e peças a serem ensaiadas. Assim, o treinamento tornou-se o meu primeiro idioma para ensinar e ensaiar. Ele me socorria em qualquer situação, em qualquer teatro, com quaisquer atores, de iniciantes a celebridades e a profissionais experientes. Com toda essa experiência, fiz uma importante descoberta: os exercícios podem ensinar um ator a analisar uma cena e uma peça com muito mais eficácia e precisão do que as longas conversas com o diretor. Mesmo atualmente, mais de vinte anos depois, quando posso dar palestras em várias línguas e conversar com os atores sobre qualquer tema, não deixo de realizar o treinamento com eles. De uma coisa eu sei: um exercício preciso e bem construído pode ser ideal para o desempenho do ator.

Apontamentos

Existe vida e existe teatro. Existe a Rússia e existe a China. Entre eles, há uma linha – a fronteira. O treinamento ensina a cruzar essa

---

6   Dada a especificidade de tratamento de certos conceitos por parte do autor, optou-se por deixar os termos *personnage* e *persona*, bem como *ensemble*, em suas formas originais. (N. da T.)

linha, a passar de um tempo e espaço para outro tempo e espaço. Esse é o momento mais difícil e complicado de reconstrução não somente dos instintos de uma pessoa, mas também de seus reflexos, e de mudanças de seus sentimentos, emoções e opiniões. O treinamento é uma mudança do sistema de valores que utilizamos em nossas vidas cotidianas para um sistema que podemos usar no palco. Um evento aqui não é necessariamente um evento lá. Na China, a vida é diferente e você precisa viver no estilo chinês.

O treinamento também é uma porta que leva o ator do mundo dos clichês mortos para o mundo das imagens vivas da arte. O treinamento é um sinal de esforço do ator para a mudança, para o aperfeiçoamento de si e da vida ao seu redor, e não a repetição ou solidificação do que já existe. O treinamento é importante por permitir que o ator mude seu nome de Pessoa para Artista, assim os estereótipos de pessoa comum desapareçam. E isso significa que o ator já ganhou metade da batalha contra o clichê.

Não é fácil e nem todo mundo consegue atravessar essa fronteira.

Exercício

Left Significa "Para Frente"

Procurem um local na sala de modo que vocês não fiquem amontoados e haja espaço para se movimentarem e realizarem as seguintes instruções do diretor-professor:

PARA FRENTE: um pequeno pulo ou um passo à frente.

PARA TRÁS: um pulo ou um passo para trás.

ESQUERDA: um pulo ou um passo para a esquerda.

DIREITA: um pulo ou um passo para a direita.

APLAUSOS: bater palmas.

BATER UM PÉ NO CHÃO: um pulo e um giro de 180°.

Como vocês podem ver, a linguagem dos comandos corresponde à linguagem da execução dos comandos, com exceção do último.

VARIAÇÃO 1

Agora adicionem comandos em língua estrangeira e alternem com a sua língua materna. Usem vários idiomas para que os comandos soem mais ou menos assim: *sinistra*, à gauche, *nach rechts*, à esquerda, *back*, *avanti* etc.

VARIAÇÃO 2

Voltem para a sua língua materna, mas quando receberem uma ordem, a ação deve ser oposta. "Para frente" significará "para trás"; "esquerda" será "direita"; "aplausos" será "um pulo e um giro de 180°"; "bater um pé no chão" será "aplausos". Depois de realizar essa variação, repitam o exercício utilizando línguas estrangeiras.

VARIAÇÃO 3

Criem novos significados linguísticos, novas relações entre os comandos e sua execução. Assim, por exemplo:

- ESQUERDA: será para frente;
- DIREITA: para trás;

- PARA FRENTE: esquerda;
- PARA TRÁS: direita, e assim por diante.

Quando vocês dominarem essa variação, repitam o exercício com os comandos em diferentes línguas.

VARIAÇÃO 4

Um dos atores deixa a sala e os demais decidem qual o significado de um comando ou outro. Quando retorna, todo o grupo realiza o exercício de acordo com as regras estabelecidas e ele deve adivinhar quais são essas regras.

Observem o seu papel ou o texto de seu monólogo e reflitam se o texto corresponde às ações e aos sentimentos que vocês estão interpretando, isto é, ao "texto da interpretação". Será que há correspondência? Não se esqueçam de que há uma linguagem das palavras e uma linguagem de sua interpretação. São diferentes "territórios" e eles nem sempre refletem um ao outro diretamente. Sem limitar sua imaginação, inventem regras especiais para a linguagem da sua personagem e deixem que seja compreensível para vocês e para ninguém mais.

VARIAÇÃO 5

Um ator faz determinadas combinações de palavras ou frases de seu monólogo e, quando ele as diz, realiza alguma ação. Por exemplo, bebe um gole de água ou move sua cadeira de um lugar para o outro etc. Os demais atores devem determinar quais as regras que ele está utilizando.

VARIAÇÃO 6
Um ator que está lendo um monólogo não sabe quais palavras e frases outro ator está utilizando como sinais para realizar determinadas ações dirigidas a ele; por exemplo, dando-lhe um tapa na cabeça. Assim que a regra for revelada, ele deve trocar a palavra por outra, corrigindo a frase de maneira a não receber mais tapas.

Apontamentos

Um hotel em Barcelona. Verão. Um casal alemão dorme do outro lado da parede. A Bíblia encontra-se na gaveta da mesa de cabeceira. Abri para ver como termina a parábola sobre Babel: "E o Senhor disse: Eis que o povo é um, e todos têm uma mesma língua; e isto é o que começam a fazer; e agora, não haverá restrição para tudo o que eles intentarem fazer. Eia, desçamos e confundamos ali a sua língua, para que não entenda um a língua do outro. Assim, o Senhor os espalhou dali sobre a face de toda a terra" (Gênesis 11, 6-8).

A partir desse momento, não houve nenhuma língua universal, nem na vida nem no teatro. E isso me parece bom. Quanto mais línguas, melhor. Não considero correta a explicação de que foi a atitude hostil de Deus que propiciou a separação linguística dos seres humanos durante a construção da Torre de Babel. Para mim, isso é uma dádiva! Deus atuou assim intencionalmente para que houvesse uma infinidade de línguas. É justamente graças a isso que estamos liberados da uniformidade da vida. Graças a isso, surgiram diferentes povos e culturas. É por isso que o Kremlin foi construído em Moscou e o Vaticano, em Roma.

Exercício

Descoberta da Linguagem

Para maior eficácia, esse exercício deve ser realizado com um ou dois assistentes. Depois de um tempo, vocês não precisarão mais deles; quando se familiarizarem com a área escolhida, começarão a caminhar corajosamente em torno do espaço, a correr e a se sentir absolutamente confiantes. Mas, para que isso aconteça, vocês terão que encontrar uma linguagem de comunicação e estabelecer um diálogo com o espaço.

Estabeleçam uma velocidade aceitável e um tipo de movimento adequado ao local. Todo mundo sabe que a linguagem básica de comunicação com o mundo é a visual. Abriremos mão dela. Ao sinal do diretor--professor, fechem os olhos; ao sinal seguinte, abram os olhos. Durante esse exercício, não interrompam o movimento nem mudem seu ritmo. O fato de estar com os olhos fechados não deve afetar significativamente o caráter de seus movimentos. Não usem suas mãos ou pés para sentir o caminho à sua frente. Quando seus olhos estiverem abertos, antevejam o caminho. Quando estiverem fechados, tentem ver o trecho seguinte com a visão interna.

Gradualmente, aumentem a velocidade de seus movimentos e os períodos de "cegueira". Tentem fazer uma longa previsão de seus movimentos e definam o caminho com mais exatidão. Mudem o caráter desses movimentos. Depois de algum tempo, a sua audição e o seu olfato ficarão mais aguçados. E as linguagens de comunicação com o mundo ao seu redor começarão a despertar. Se não obtiverem resultados positivos e continuarem a ter medo de caminhar com os olhos fechados, não parem, continuem a andar. O medo passará sozinho.

VARIAÇÃO 1
Combinem previamente com um parceiro de encontrar um ao outro no período de cegueira.

VARIAÇÃO 2
Se tiverem oportunidade, tentem este exercício ao ar livre, em um grande campo aberto. Deem aos atores tempo suficiente para que o seu senso de percepção fique completamente alterado.

Na escuridão, os sentimentos do ator ficam mais aguçados e a sua qualidade também é diferente em comparação com o período de luz. Após cerca de quinze minutos, a liberdade substitui o medo e a incerteza; pouco a pouco, começam a aparecer contornos visíveis da cena. Os atores dizem que, depois desse experimento, não querem abrir os olhos e ver a realidade tal como ela é.

Esse exercício é muito útil quando vocês estão trabalhando com um diálogo. Em um diálogo com os olhos fechados, sem enxergar a sala nem o parceiro, os atores começam a ouvir e a compreender as palavras do texto de forma diferente. Nesse momento, as palavras tornam-se o apoio mais importante para o ator em sua atuação e em sua manifestação. Ele fala, portanto, ele existe. E uma pausa com os olhos fechados é uma pausa muito mais intensa.

Conversa
Com Atores Italianos

MODENA

– Resumindo, meus queridos amigos, posso dizer que o treinamento também é necessário para vencer seus medos.

– Que medos?

– Bem, vocês já estão tensos, o que significa que estão assustados. Não estou falando de medos humanos, mas de todos os bloqueios de um ator. Psíquicos e físicos.

– Como é que eles aparecem no ator? Será que surgem da vida cotidiana?

– Não, isso é uma outra questão. O que estou dizendo é que quando os reflexos cotidianos não funcionam de forma fluida no palco, surge um bloqueio no ator. Ele se sente em outro país quando está no palco. As coisas que considerava certas já não funcionam aqui. É por isso que o medo aparece. Se vocês conseguirem mudar os seus reflexos durante o treinamento, não haverá quaisquer bloqueios. Li em algum lugar que, quando os anfíbios estão prestes a mudar de *habitat*, movendo-se da água para a terra ou vice-versa, eles sempre fazem uma pequena pausa de "transição". O peixe se torna um lagarto. Os nomes mudam, os reflexos mudam, tudo muda. O mesmo deve acontecer com os atores no treinamento. A teia de reflexos deve ser rompida.

– Como essa teia se formou em torno de nós?

– Muito simples. Toda nação, país, época e profissão têm um número de posturas, gestos e sinais que lhes são inerentes e dos quais não podem escapar. Certas formas de comportamento, posturas corporais, nuances de expressividade emocional, manifestações de movimento e de repouso foram moldadas e influenciadas por determinada época, povo, classe ou profissão. É uma linguagem particular. Cada um de nós tem um número maior ou menor de sinais, dependendo da nossa personalidade, os quais constituem a linguagem da nossa individualidade. Observem os seus parentes e colegas e se convencerão do quão precisa e, ao mesmo tempo, limitada é a sua bagagem linguística.

A linguagem está intimamente ligada a certos aspectos do pensamento e do sentimento. Às vezes, esses aspectos estão tão interligados que um ator, ao sair do palco, não consegue mudar a forma de seus pensamentos ou sentimentos sem mudar a linguagem. Todas as suas posturas (intelectuais, emocionais e físicas) adquiridas na vida estão ligadas umas às outras, apoiando-se mutuamente e formando aquela teia sobre a qual vocês haviam me perguntado. Essa é a origem de todos os clichês da atuação; a representação de uma postura por meio de outra; e as demais deficiências dos atores. A ausência do treinamento diário favorece a acumulação de todos os clichês possíveis da atuação.

Exercício

A Postura Espontânea

Em grupo, se distribuam pela sala de modo que haja espaço suficiente para se mover. Escolham uma única postura corporal para todos; vamos chamá-la de básica. Por exemplo: agachar no chão, baixar a cabeça e as mãos e relaxar. Ao sinal do diretor-professor, cada um de vocês deve adotar uma nova postura. Sem titubear, de imediato, como um impulso. Sob nenhuma circunstância, vocês devem planejá-la de antemão.

Ao sinal seguinte, voltem à postura básica. Um novo sinal, outra postura do corpo. Vocês não devem repetir as posturas. Ao sinal seguinte, mais uma vez a postura básica.

Continuem a alternar as posturas novas com a básica. O professor pode escolher o ritmo dos sinais.

VARIAÇÃO 1

Usando as mesmas regras, criem posturas com base na época, cultura nacional ou estilo escolhido pelo professor. Por exemplo: *art nouveau*, Grécia antiga, cultura indiana, figuras dos quadros de Botticelli etc. Joguem o corpo espontaneamente nessa pesquisa. Não importa se vocês foram para a Índia ou não. Talvez seja realmente melhor que não tenham ido. Não tenham medo! O conhecimento está dentro de vocês. Esse exercício é particularmente útil para os atores que estão trabalhando em um papel para o qual é importante representar o estilo de uma determinada época ou as especificidades de uma cultura.

VARIAÇÃO 2

Na primeira parte deste exercício, cada pessoa escolhe a sua postura inicial. Mudem a postura do corpo seguindo os sinais do professor. Depois alternem a nova postura com a primeira.

Quando terminarem essa tarefa, passem para a última parte: criem a postura final. E alternem constantemente cada nova postura com essa última. Ao criar novas posturas, tentem relacioná-las com o ponto para o qual vocês estão se dirigindo e com o último elo da cadeia.

Juntem ambas as partes do exercício em uma: ao criar as posturas, vocês se movem para frente, retendo simultaneamente a imagem da primeira postura e a da final. Vocês conhecem dois pontos do caminho e sua direção, mas não as ligações do meio da cadeia. Relacionem cada novo passo com seu ponto de partida e o ponto para o qual se dirigem, com o início da personagem e o final, com o primeiro pensamento e o último, com o primeiro sentimento e o último etc. O que importa é a combinação do conhecido e o desconhecido.

Para realizar esse exercício, vocês precisarão de uma série de sinais. Por exemplo, um assobio significa que devem criar uma nova postura; um aplauso, retornar à postura inicial; dois aplausos, postura final.

Esse tipo de exercício ajuda o ator a sair do ciclo de automatismos graças à interrupção dos elos reflexivos, ao mudar de postura. Cada postura é um novo pensamento, uma nova descoberta de sua linguagem.

VARIAÇÃO 3

É útil aplicar este exercício no trabalho com sua personagem, cena ou monólogo. Dividam o monólogo que vocês estão estudando em partes de composição e, utilizando as regras já mencionadas, deem ao corpo a chance de buscar a melhor maneira e a mais exata de expressar o conteúdo de cada parte separadamente.

Comecem a trabalhar com a primeira parte.
Talvez sejam necessárias de dez a quinze
tentativas. Selecionem a melhor postura, a
que reflete, em sua opinião, a essência da
primeira parte da composição. Memorizem
essa postura e depois comecem a trabalhar
com a segunda parte, e assim sucessivamente.
Vocês passarão por todo o monólogo dessa
forma. Em seguida, selecionadas as melhores
posturas e as mais precisas de cada parte,
juntem todas elas em um único movimento
que tenha diversas posturas (seis a oito) e
transitem de uma para outra. Certamente
serão necessárias algumas correções para as
transições de uma postura a outra. Ao final,
vocês encontrarão um equivalente plástico da
composição do monólogo, como se fosse uma
dança metafísica.

Se quiserem desenvolver ainda mais
esse exercício, incluam música. Ela lhes
proporcionará um movimento sensitivo;
dará cor a seu conteúdo; e tornará o seu
ritmo e o seu tempo mais exatos. Quando
vocês dominarem esse exercício, notarão
que, de um simples esboço artístico, ele
se transformou em um exercício com
valor próprio; juntem isso ao texto de seu
monólogo. Vocês descobrirão uma realidade
diferente na expressão do monólogo.

Apontamentos

O treinamento é o passo do ator ao mundo da metafísica. O teatro é, por si só, metafísico. Sua figura principal – o ator e o que ele realiza no palco – também é metafísica. A relação entre o ator e o texto, as personae*, os papéis e os* personnages[7] *é metafísica, bem como as ações e performances dos atores. É por isso que uma série de exercícios do treinamento deve levar o ator a entrar nesse mundo metafísico. Eu tento trazer ao desenvolvimento da aula, o instante em que o ator começa a perder a fronteira entre o que é real e cognoscível no teatro e aquilo que é metafísico, que surge de acordo com leis misteriosas e desconhecidas para ele. O objetivo desses "exercícios metafísicos" é abrir um novo espaço de atuação para o ator, inacessível a seus conhecimentos tradicionais. Os "exercícios metafísicos" são uma ampliação dos limites da técnica do ator e de suas possibilidades.*

Exercício

Metafísica do Som e do Movimento

Não há por que ter medo de convidar os atores para realizar e interpretar algo que eles nunca fizeram. Se vejo nos olhos do ator que ele sabe como realizar o exercício, entendo que a minha proposta é demasiado simplista e não levará a lugar algum. Quando ouvir a proposta do diretor, o ator deve inflamar-se, mas não saber como expressá-lo, como interpretá-lo. Então se terá uma visão de artista e não de um performer.

> Lembrem-se do exercício anterior. Era sobre a postura do corpo. Agora, trata-se de movimento e de gesto eficiente.

---

7   Ver a distinção elaborada pelo autor no capítulo 7 ("Eu"), bem como no livro *A Vertical do Papel*, São Paulo: Perspectiva, 2014. (N. da T.)

Renunciaremos à posição neutra;
simplesmente mudaremos os exercícios,
um após o outro, sem lógica, sem nenhuma
ligação. O movimento não deve ser
premeditado; ele deve ser realizado "no
momento". Deve ter um começo e um fim,
e durar de dois a cinco segundos. O exercício
deve estimular o ator a expressar algo que ele
nunca havia feito nem pensado.

A "metafísica do som e do movimento" é um título aproximado
e não pretende ter uma base científica. À primeira vista, a expressão "treinamento metafísico" parece ser contraditória em todos os
sentidos. Como você pode treinar em uma área que não se pode
julgar? Mas isso é uma contradição ilusória. Nenhum ramo da
ciência pode confirmar ou negar a existência de fenômenos trans-
cendentais, mas pode estudar ou criar as condições nas quais a fé
se manifesta em tais fenômenos, e justamente essas condições são
as que podem e devem ser criadas pelo treinamento.

Vamos começar com uma sequência dos
exercícios mais simples. Por exemplo, os
movimentos que expressam o conteúdo das
palavras: fé, inveja, solidão.

Em seguida, conceitos um pouco mais
complicados: virtude, justiça, missão. Aos
poucos, a tarefa deve tornar-se difícil: explosão
do Universo, vento da mudança, anseios para
o futuro, final do espetáculo, voz do deserto.

Em *A Gaivota*, Tréplev diz: "Tenho um prego no cérebro." E Trigórin: "Sinto que estou comendo minha própria vida." Busca-se um movimento que descubra o conteúdo metafísico (ver em *Para o Ator*, de Michael Chekhov, o conceito de "gesto psicológico").

Se compreendermos e decifrarmos o monólogo como um caminho que conduz ao descobrimento do conteúdo metafísico, construiremos a composição de movimentos, posturas e gestos que nos conduzirão a esse descobrimento. Ao reuni-los e alinhá-los em uma sequência, pode-se interpretar o papel em um único movimento durante dois ou três segundos. Ao desenvolver esse exercício, pode-se acrescentar uma frase da personagem. Vocês podem usar as palavras ou frases no momento de transição de uma parte da composição ou da outra. Mas tudo isso será mais tarde. Agora, o mais importante é descobrir outra linguagem que vocês poderão utilizar no papel. "Nem tudo pode ser interpretado verbalmente": essa expressão era utilizada entre os atores russos. E eu continuo a utilizá-la.

VARIANTE

Este exercício é feito num formato semelhante ao descrito anteriormente, mas em vez de expressão física, busca-se um equivalente sonoro. Com o som, vocês descobrem o conteúdo de uma tarefa proposta pelo pedagogo. Juntem todos os sons em uma composição – essa é a ressonância metafísica da personagem.

Apontamentos

Como preparar uma aula? Como selecionar exercícios para ela? Todo o processo didático e de treinamento deve ser construído de acordo com o princípio de crescimento dos seres vivos, segundo o qual tudo acontece simultaneamente. A aula não deve ser desenvolvida de forma linear. Uma aula que se realiza de maneira progressiva é demasiado simplista e improdutiva. Os exercícios da aula devem ser concebidos como uma novela – tudo existe em conjunto para que haja ebulição, para que se desenvolva como um funil, como uma espiral. Longe do centro. O texto pode ser estudado da mesma forma. É necessário definir o núcleo e mover-se em espiral para as margens.

Comecem com um exercício simples, que será a base, e o desenvolvam ao máximo em tempo, amplitude e profundidade. O exercício deve viver, crescer e transformar-se em uma cena. No momento, pode não estar claro em que cena o exercício está se transformando, mas ele mesmo começará a buscar o conteúdo. Esse conteúdo se desenvolverá, tornando-se mais denso e mais claro; as fronteiras da cena, sua composição e sua estrutura se tornarão mais definidas.

Na vida que transcorre à sua frente, vocês precisam visualizar a imagem, a forma, a essência da cena. E pegar o que já existe, o que nasce diante de seus olhos e caminha por conta própria, de forma independente. Para isso, é necessário um diretor-artista que possa ver o que os outros não veem; que possa enxergar o embrião de uma nova cena na vida do exercício – isso é incrível! Nesse ponto, é necessária a análise e a "formação" daquilo que nasceu. A comparação e seu apego ao que foi criado são necessários para o papel ou para a cena. É necessário também um tato especial, uma delicadeza. Assim surgirá a necessidade da música ou do silêncio ou da palavra. O diretor sente isso e dirige cautelosamente esse processo surpreendente e fascinante de desenvolvimento da célula no ser vivo de uma cena.

Existem as chamadas células-tronco, o material a partir do qual são feitos todos os órgãos do ser humano, todo o nosso ser. Primeiro, surge uma única célula; em seguida, ela se multiplica na quantidade necessária. Esse material pode ser comparado aos tijolos usados na construção de uma casa, com o qual podemos construir o que quisermos: uma casa de campo, um caminho no parque, um muro entre países; com as células-tronco, pode-se ter: um fígado, um coração, os vasos sanguíneos.

O embrião da vida de uma cena, os seus microelementos, pode ser criado exatamente da mesma forma. Tijolos energéticos. O exercício proposto pelo diretor-professor surge com o mesmo impulso. O treinamento é o ambiente no qual as células são criadas; a partir delas, consequentemente, uma cena essencial é construída. Saliente-se que, em grande parte, a cena constrói a si mesma, mas também graças ao ator e, claro, à participação do professor ou do diretor.

A construção de uma cena sem análise prévia é uma construção vital não programada, que se difere radicalmente da chamada construção planejada, que sempre começa com um projeto confirmado. A música nasce de sons errantes; a pintura, de tintas derramadas; a cena é tecida com fios de energia refletidos em qualquer coisa: movimentos, pensamentos, sons, sentimentos, palavras, e assim por diante.

O escultor observa o bloco de mármore.

O poeta escuta as ondas do mar.

O diretor observa como a vida floresce nos exercícios.

A filosofia de uma época pode estar em uma palavra; a ideia do teatro pode estar em um exercício.

Exercício

Tamborilem o Papel

Quando o trabalho com uma personagem está na fase de conclusão, convido os atores a mudar a linguagem, a buscar uma nova forma de expressão. Assim, no Teatro Nacional, na Suécia, um ator notável fez "correndo" o papel de Hamlet, de acordo com o meu exercício, por cerca de vinte minutos. Diferentes velocidades, paradas e todos os tipos de movimento: essa era a linguagem principal de sua personagem. A execução foi tão boa que ele ganhou o aplauso de todos os participantes do treinamento. Perguntei a ele: "você descobriu algo novo no papel enquanto realizava o exercício?" Ele respondeu: "Eu senti como se tudo fosse novo". Mais tarde, durante o espetáculo, constatei que havia surgido muitas nuances na sua linguagem de ator graças a esse exercício.

O ator se senta no chão ou em uma cadeira (o que for mais confortável) para que suas mãos fiquem completamente livres. No chão ou em uma cadeira de madeira, ele deve tamborilar o seu monólogo, cena ou todo o seu papel. Não é apenas o ritmo. A composição, o conteúdo, os sentimentos, os pensamentos – tudo deve ser interpretado na linguagem da batida de mãos, da percussão com as unhas, da fricção das palmas, e assim por diante.

Após algum tempo, algumas palavras podem ser adicionadas, e, em seguida, frases completas dos diálogos da personagem.

Também pode adicionar música. Lembrem-se que quando conseguirem grandes resultados, ou perfeição, nos exercícios, eles passarão à categoria de arte.

Façam esse exercício com dois atores em diferentes variações:

- mantenham um diálogo, tamborilando em turnos o papel de vocês;
- um pronuncia o texto, enquanto o outro responde por meio de batidas;
- mudem a linguagem de comunicação durante o diálogo.

É muito mais difícil, mas completamente realista, executar esse exercício em uma cena que envolve vários personagens.

Apontamentos

Deixei Moscou para viver e trabalhar na Europa em 1992. Naquela época, não se podia levar nada ao estrangeiro. Os aduaneiros tomavam tudo o que quisessem. Não havia regras. Tentei encontrar alguém que pudesse me dizer o que era essencial levar comigo. Finalmente encontrei um expert. Ele me disse: "Você não precisa trazer nada com você. Tem tudo aqui. Estude o idioma, que é o principal!"
Bashō a seus alunos:

> *Não me imitem muito!*
> *Olhem para estas coisas semelhantes que eu esmaguei agora –*
> *Duas metades de um melão.*

Exercício

Congelem!

Corram em círculo pelo espaço. Ao sinal de "Parem!", detenham-se onde estiverem. Vocês não devem alterar a última postura em que estavam quando foram surpreendidos pela ordem, ainda que tenham caído. Por mais excêntrica que seja a postura, congelem imediatamente e não se movam.

Vocês devem correr o mais rápido possível e da forma mais variada: de costas, com o lado direito ou esquerdo assumindo a liderança, saltando e pulando – de modo que vocês não tenham nenhuma possibilidade de preparar previamente sua postura. Isso tornaria o exercício inútil. Se fizerem tudo corretamente, seu corpo ficará por algum tempo em uma postura não habitual e experimentará uma situação desconhecida.

Congelando nessa pose incomum por um segundo, comecem a declamar um poema, a cantar uma canção ou a ensaiar uma cena. Como essas coisas se relacionam entre si?

Exercício

A Transformação dos Objetos

O treinamento permite ao ator descobrir uma nova realidade: a diversão. É uma realidade diferente, nada habitual. Há um jogo que é realizado entre dois jogadores: a realidade e a irrealidade. O jogo pode ocorrer no território do ator ou fora dele, mas em seu controle. O treinamento ajuda o ator a entrar em um jogo com a irrealidade.

Este é um exercício velho, mas do qual eu gosto muito. Sentem-se em um círculo. Peguem algum objeto simples: uma corda, uma vareta de madeira, uma bola de vidro etc.

Os atores devem dar a esse objeto uma função diferente. A vareta de madeira pode se transformar em um arco de violino, em um telescópio, em um pente ou em um bisturi nas mãos de um cirurgião. Assim, passando esse mesmo objeto de uma pessoa para outra, ele pode ganhar diferentes funções.

VARIAÇÃO

Realizem o mesmo exercício enquanto correm, jogando uma bola de um para o outro e chamando-a por um nome diferente a cada vez: ferro, balão, flor etc. O ator que estiver prestes a receber a bola deve pegá-la de uma forma apropriada para o nome que lhe deram; em seguida, deve inventar outro nome e lançá-la novamente.

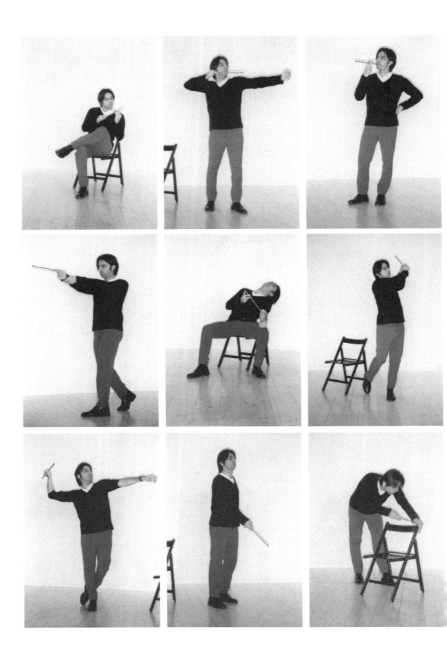

Apontamentos

Um dos símbolos da vida contemporânea é a constante mudança de idiomas. Nova York, Moscou, Berlim são um campo linguístico multicolorido. O teatro também. A palavra "amor" não significa o mesmo para Schiller e para Dostoiévski; para Tuzenbach e para Verschinin[8]. Para estar pronto para o papel, é preciso saber mudar facilmente os conceitos humanos, passar de uma língua para outra. Manipulá-los. Nem sempre é fácil expressar um pensamento complexo em uma língua. Um grande papel sempre exige uma pluralidade de conceitos do mesmo objeto, demanda uma diversidade de sistemas de comunicação e uma riqueza de meios de expressão. Caso contrário, é impossível assimilar plenamente o papel.

Exercício

Mudança de Direção

Coloquem-se em círculo, com a mesma distância uns dos outros e virados no sentido horário. Estabeleçam uma linguagem, isto é, um sistema de sinais.

Suponhamos:

- um aplauso: andar para frente, ao redor do círculo;
- dois aplausos: parar;
- um assobio: caminhar de costas;
- dois assobios: mudar a direção do movimento.

Ao sinal do treinador, mudem a direção ou o tipo de movimento ao redor do círculo. Mantenham a distância entre vocês e a forma do círculo. Depois de realizar esse exercício, mudem a linguagem – estabeleçam outros

---

8   Tuzenbach e Verschinin são personagens de *As Três Irmãs*, de Tchékhov. (N. da T.)

significados para aqueles mesmos sinais.
Por exemplo, na nova variação, um aplauso
significa mudar de direção; um assobio, parar.

Depois de fazerem isso, adicionem novos
sinais. Por exemplo: três palmas, esticar os
braços para frente; três assobios, pular com
uma perna, e assim por diante. Ou combinem
diversas tarefas em um único sinal: dois
aplausos = parar + levantar as mãos; um
assobio = andar de costas + colocar as mãos
nos joelhos etc.

VARIAÇÃO
Realizem esse exercício com assobios de
quatro ou cinco tons diferentes. Vocês
também podem utilizar instrumentos
musicais.

Apontamentos

A linguagem só será clara e compreensível quando se integrar a seu ambiente. A bola voa no ar; o barco flutua na água. Não pode ser de outra forma. Mas quando utilizamos constantemente a mesma linguagem, deixamos de senti-la e de escutá-la; ela se torna seca, desbotada. A sua vida se esvai. Devemos limpar a linguagem todos os dias no treinamento, devolver às palavras os seus significados primordiais, suas relações e sentidos e, claro, buscar uma nova linguagem. E então vocês verão o que ninguém mais viu e descobrirão o que estava oculto até aquele momento. A linguagem revelará o desconhecido de tal maneira que todos pensarão: foi ele que descobriu isso!

Exercício

Aplauso Voador

Coloquem-se em um grande círculo de frente para o centro, para que possam ver uns aos outros.

As regras são simples: parados no círculo, vocês mandam um aplauso a um de seus colegas. Esse é o aplauso número 1. O colega reenvia o aplauso (vamos chamá-lo de número 2) a outro colega. Essa pessoa envia para o seguinte, número 3.

Agora, atenção! O ator não reenvia o aplauso número 4 imediatamente; primeiro, ele o segura como se o tivesse capturado. Com isso, termina o primeiro ciclo de transmissões e, em seguida, ele envia um novo aplauso. O esquema é assim: *1-2-3-4, 1-2-3-4, 1-2-3-4* etc.

Realizem esse exercício em um ritmo lento. Depois, aumentem gradualmente a velocidade.

Quando dominarem o princípio fundamental da transmissão de aplausos, introduzam esta regra: quem cometer um erro na transmissão sairá do círculo e do jogo.

VARIAÇÃO 1

Realizem este exercício enquanto caminham ao redor da sala. Primeiro, lentamente; em seguida, correndo. Vocês podem enviar aplausos uns aos outros não só "pela frente", mas inesperadamente "pelas costas". Isso exigirá uma maior atenção, uma forte ligação com os seus colegas.

VARIAÇÃO 2

Mais uma vez, coloquem-se em um grande círculo. Agora, aquele que comete um erro sai do jogo, mas não deixa o círculo. Ele se torna um "buraco negro", uma armadilha para os outros. Vocês não devem enviar-lhe um aplauso – quem faz isso também se torna uma armadilha. Vocês não devem lembrar uns aos outros quem ainda está no jogo e quem já saiu. Tornem o exercício mais difícil, adicionando as condições da variação 1, isto é, realizem o exercício caminhando pela sala.

VARIAÇÃO 3

Mantenham o esquema básico deste exercício: 1-2-3-4, 1-2-3-4, 1-2-3-4; mas mudem a linguagem: em vez de aplausos, enviem um som. O primeiro ator envia a seu parceiro o som O; em seguida, o segundo faz o mesmo e o terceiro também. O quarto ator marca o momento de fixação com o som A. Assim, ele deve fazer dois sons: AO. A é a fixação; O é o início de um novo ciclo de transmissões.

O esquema será este: O-O-O-AO-O-O-AO-O-O-AO etc.

VARIAÇÃO 4

Utilizando o velho princípio de transmissão, inventem uma nova linguagem: batam no chão com o pé esquerdo em direção a seu parceiro. O esquema será: participante 1 bate com o pé esquerdo; participante 2, com o pé esquerdo; participante 3, com o pé esquerdo; participante 4, primeiro bate com o pé direito

no chão, fechando o ciclo, e, em seguida,
bate com o pé esquerdo para abrir um novo
ciclo. Será assim: esquerdo-esquerdo-
-esquerdo-direito / esquerdo-esquerdo-
-esquerdo-direito etc.

VARIAÇÃO 5
Sem alterar o formato, vocês podem usar
qualquer uma dessas linguagens e alterá-las
quando quiserem. Por exemplo: O-O-O-
-aplauso; O-aplauso-batida de pé-AO etc.

Vocês podem inventar quantas "linguagens"
quiserem: envio de beijos, um tapa no rosto,
uma piscada etc. Mas por que inventar?
Melhor descobri-las e estudá-las. Somente
no planeta Terra existem centenas de línguas
e dialetos. E há também a linguagem
dos animais, das plantas e dos pássaros.
Os japoneses têm uma língua maravilhosa.
Algo como iiiiiiiiiiiikheyu iiiaiiiaaaaa
aaaaaaiiiii iiiiiiiiii aaiaiaaaannniiiiii aaaaa
aaaaaui iiiiuuuui iii iiii iiipchkhiiiuuuiiii.

É o fim do outono
A tangerina verde não acredita
Não poderia haver dias futuros.

Capítulo três

Alongamento

Os atores usam o princípio do alongamento com bastante regularidade, muitas vezes sem perceber, como quando nos esticamos pela manhã e não pensamos que estamos fazendo um exercício sério. O alongamento é o exercício básico dos animais. A energia inexplorada dorme nos músculos e precisa ser acordada para que comece a atuar.

É provável que o tema deste capítulo não seja "minha" área. Existem departamentos especiais de movimento cênico e especialistas altamente qualificados que se dedicam a isso de maneira séria e responsável. Mas não quero falar apenas sobre o alongamento físico. O alongamento é, para mim, um olhar particular sobre uma personagem e sobre uma obra teatral e um princípio especial de trabalho. Assim, por exemplo, se o texto de uma personagem é denso, suas palavras estarão espremidas como os passageiros no metrô de Londres na hora do *rush*. Nesse caso, é preciso alongar o texto. Isso ocorre, antes de tudo, por meio de sua análise. Deve haver ar e distância, deve haver um reflexo, senão não haverá atuação. Também deve haver espaço para o sentimento. Se vocês não arranjarem um lugar livre para ele, podem ter certeza de que ele não vai aparecer. Na Antiguidade, durante as secas, os homens cavavam um buraco na terra e convidavam a chuva para preenchê-lo.

Lembro-me de um sonho que tive há muito tempo em Moscou. Uma imagem banal: eu tenho um livro em minhas mãos e me dou conta de que esse livro é a minha vida. Não me lembro se era um livro grosso ou fino. Não me lembro. Era evidente que alguém o estava lendo e, em seguida, o deixou; e eu tenho o livro aberto na página em que a pessoa interrompeu a leitura. Começo a contar quantas páginas faltam para chegar ao final: 1, 2, 3, 4, 5, 6, não é que sejam poucas, 7, 8, 9, 10, nem que já estejam escritas, 11, 12, 13, nem que sejam conhecidas, 14, 15. Aqui está a última, a 16ª. Nem me surpreendia o fato de que alguém havia escrito o meu livro por mim. Foi outra coisa que me pegou de surpresa: o texto estava escrito em um estilo antigo, *scriptio continua*, sem quaisquer separações entre as palavras e sem qualquer pontuação:

ensaiandoplataocomvasilievemmoscouantesdoanonovode-poisrecebemososalemaeseeuvoareiparaestocolmoparaum-projetosobretchekhovaveriguarquandoiniciamemromaasaudi-coesparapirandellotelefoneparairaemeufilhoemberlimma-maeemodessamaksimemnovayorkimprovisacoesdewedekin-dparaabrillivrovisto

Todas as páginas eram assim. Sem respiro. Isso foi o que fez dele um pesadelo. A partir daquele momento, decidi alongar as palavras, as cenas e a minha vida. Viver assim provavelmente é uma arte particular. Não aspirar a um recorde de longevidade, mas justamente alongar a vida, como se fosse uma tela. São diferentes princípios e regras de vida. Quanto mais você vê e ouve, mais você sente e compreende. No Japão, por exemplo, a vida cotidiana é de uma intensidade e densidade inverossímeis. Mas os japoneses conseguem tirar proveito de sua existência em conversas sem pressa, em contemplações silenciosas, em cerimônias misteriosas.

Sol nascendo.
Prado com grama verde.

Uma vala rasa foi escavada sob a forma de um hieróglifo que significa "amor". A água flui através dele. Algumas meninas vestidas de quimonos claros sentam-se ao lado desse hieróglifo, que ocupa quase todo o prado.

Elas cantam uma canção longa e triste.

Em seguida, outra.

E mais outra.

Uma delas levanta uma xícara branca com saquê, faz uma reverência e toma um gole; em seguida, faz novamente uma reverência e coloca a xícara na água corrente.

A xícara balança e flutua lentamente. Uma menina a segue com o olhar e compõe um poema de amor com cinco linhas, um *tanka*.

Agora uma amiga pega a xícara que flutua em sua direção, aproxima-a cuidadosamente dos lábios e, repetindo todo o ritual, deixa-a flutuar novamente. E, com isso, surge uma nova improvisação poética.

Essa cerimônia dura até o pôr do sol.

A noite cai.

As meninas deixam um pavio queimando na xícara e, depois de cantar uma canção de despedida, vão para suas cabanas esperar o sol de um novo dia.

Como incorporar isso no treinamento? Os atores chegam à aula cheios de problemas do dia a dia. Alongar seus corpos é uma coisa, mas o que fazer com suas mentalidades, seus sentimentos e sua percepção da vida? Eles estão sufocados, oprimidos pelo tempo; são escravos dele. Não se pode ensaiar dessa forma, não funciona. É preciso alongar o tempo. É essencial fazer isso e vocês precisam buscar exercícios específicos. Eu não tenho muitos. Durante o treinamento, utilizo os exercícios dos meus colegas, professores do movimento cênico, adaptando a sua metodologia no trabalho do ator com o texto. Creio que não importa de qual campo da arte ou da ciência os exercícios são retirados; o que importa é a forma como os utilizamos em nosso treinamento pessoal. Por exemplo, eu uso com êxito os princípios da clássica *ikebana* (arranjos florais) e dos jardins de pedra. Na Suécia, alguns gestores de grandes empresas, aos quais ensinei, usam alguns dos meus exercícios com base nesses princípios. Isso me deixa feliz.

Aqui estão alguns exercícios que, repito, devem ser entendidos como exercícios básicos. Eles revelam o tema no qual o ator deve pensar enquanto trabalha em uma cena ou em seu papel. Não são apenas exercícios físicos.

Exercícios

Alongamento de Leonardo

O objetivo do papel dentro de uma obra e a imagem de sua realização devem ser irreais para o artista, devem estar um pouco além dos limites de suas capacidades pessoais. Assim, ele se "mostrará" ao papel de outra maneira, ele o interpretará de forma distinta. Para chegar ao ideal de seu papel, o ator deve, por assim dizer, "alongar-se". Não é produtivo considerar o momento em que a cortina se fecha como a conclusão do espetáculo. O fim de um papel não chega com a última réplica ou com a saída para os bastidores; a vida não se interrompe com o último suspiro. Com base nessa premissa, realizem a seguinte tarefa.

Fiquem de pé. Escolham um ponto à frente de vocês que esteja a uma distância possível de alcançar com a ponta do pé sem sair do lugar.

Agora afastem esse ponto uns 5 ou 10 cm, de modo que pareça um objetivo inalcançável, mas possível de tocar. Como um sonho real. Vou explicar desta forma: seu limite + um pouquinho mais = seu objetivo.

Portanto, vocês escolheram um ponto e o afastaram para além de seu limite. Agora tentem, sem sair dos seus lugares, alcançá-lo com a ponta do pé esquerdo. Se o fizerem facilmente, afastem um pouco mais o ponto e tentem alcançá-lo novamente, mas desta vez com a ponta do pé direito.

Próximo passo: escolham um ponto na parede à sua frente ou um ponto em algum objeto que esteja no nível ou acima do nível de seus olhos e tentem alcançá-lo, primeiro com a mão esquerda e, em seguida, com a mão direita. Não se movam nem mudem a posição de seus pés.

Próxima variação: tentem alcançar dois pontos ao mesmo tempo, com o pé esquerdo no chão e a mão esquerda na parede. Façam o mesmo com a mão e o pé direitos.

Próximo passo: união pela diagonal. Unam o ponto já conhecido no chão ao ponto na parede, utilizando o pé direito e a mão esquerda. Quando tiverem feito isso, mudem para outra diagonal.

Agora tentem realizar esse exercício com dois pontos para os pés e dois pontos acima de vocês, por exemplo, no teto. Escolham pontos no chão e no teto que estejam o mais distante possível e depois os juntem pela diagonal, como fizeram na variação anterior. Com isso, vocês ficarão com o aspecto do Homem Vitruviano de A Divina Proporção, famoso desenho de Leonardo da Vinci, um símbolo da simetria interna ideal do corpo humano e do Universo.

Após dominarem essa parte física, combinem o exercício com o texto do seu monólogo. Distribuam o texto por todo o seu alongamento e definam o objetivo-palavra para além do limite do texto.

Após fazer isso algumas vezes, vocês sentirão como se seu monólogo tivesse esticado quase em sentido literal. Também vale a pena fazer esse exercício com o seu parceiro, quando trabalharem juntos em uma cena com diálogo.

Exercício

Júlio César

Chamo de alongamento o momento no qual o ator dirige simultaneamente o texto, a ação física, as emoções e os sentimentos em vetores opostos. Cada vetor é definido por seu conteúdo. A interpretação se desenvolve como um "ponto de tensão", por assim dizer. Esse alongamento revela e amplia o espaço de interpretação do ator.

Dois atores, um de frente para o outro, improvisam um diálogo sobre um determinado tema: uma determinada composição que consiste em três ou quatro partes. Além disso, eles devem criar um segundo diálogo: um ritmo especial com aplausos (ver o exercício "Aplausos" no capítulo 4). Os atores devem manter ambos os diálogos – o verbal e o ritmo estabelecido.

Para a próxima etapa, um assistente deve ficar atrás de cada um dos participantes e mostrar ao ator à sua frente números e operações matemáticas que devem ser realizadas. Ele pode fazer isso com os dedos das mãos ou com cartões especialmente preparados. No final do exercício, os atores que sustentam o diálogo devem dar a resposta correta.

O ator "mantém" o ritmo, conduz e desenvolve o tema indicado, criando o texto do diálogo na composição indicada e realizando mentalmente os cálculos matemáticos. Isso é alongamento.

As operações matemáticas podem ser substituídas por tarefas artísticas. Eu fazia cartões com textos poéticos, nos quais organizava palavras rimadas. Pode-se pensar em um exercício com o texto da peça que está sendo ensaiada.

Apontamentos

Devido ao alongamento, o ator existe simultaneamente em dois sinais: "sim" e "não". Quando se guia por dois caminhos diferentes, dois sentimentos, dois movimentos, surge a leveza do papel. A densidade é uma obstrução. O alongamento dá transparência ao papel, através do qual se pode ver o cosmos. O alongamento é o território lúdico que surge entre "sair" e "permanecer", "desejar" e "temer", "viver" e "morrer". Com base nisso, se constrói o jogo das contradições. Gelo e chama, bem e mal, (+) e (–) coexistem e, graças a isso, a energia é criada.

A energia se acumula em função da correlação entre o que "eu fui" e o que "eu sou" ou o que "eu poderia me tornar". O alongamento existe entre o conhecimento do início e o conhecimento do final. Ele proporciona uma tensão, que permite juntar, acumular energia.

Exercício

Alongar o Círculo

Todos no grupo se reúnem em círculo, olhando para o centro e segurando as mãos uns dos outros com força. Alonguem o círculo ao máximo. Um ator com o texto de seu monólogo ou dois atores em um diálogo devem tentar quebrá-lo com puxões.
Eles devem imaginar que são ligações soltas e cada um está tentando sair da cadeia geral. É importante ouvir um ao outro e manter um diálogo, e não somente realizar a tarefa física. Não é essencial ilustrar o texto com o alongamento e os puxões; separem a atividade verbal da física. Os demais atores devem manter a forma do círculo.

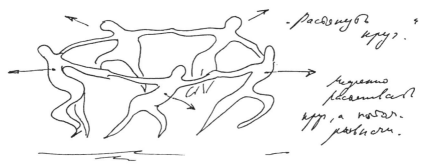

Exercício

Alongamento na Parede

Recomendo usar esse exercício enquanto trabalham com o monólogo ou com o diálogo. A complexidade de sua prática não permitirá ao ator soltar o texto rapidamente e o obrigará a fazê-lo gradualmente, sem se apressar.

Fiquem de costas para a parede a uma distância de 20 a 30 centímetros.

- Para começar, toquem a parede somente com o topo da cabeça. Vocês não devem dobrar o corpo nem "cair" sobre a parede. Devem abaixar-se suavemente e, depois de tocar levemente o ponto indicado, retornar, sem puxões, à posição inicial.
- Abaixem o ponto de contato para a nuca, a pequena saliência na qual a parte dorsal da coluna vertebral se converte em cervical.
- O ponto de contato agora é a área entre os ombros.
- A região lombar.
- O cóccix. Essa é a parte inferior da coluna. Para realizar essa posição, é preciso aumentar a distância entre vocês e a parede.
Vocês devem realizar esse exercício sem pressa e ao menos três ou quatro vezes em cada parte do corpo. Ao se deslocarem em direção à parede, devem sentir a movimentação de apenas um ponto específico e não de todo o corpo. É mais

difícil mover somente uma parte do que o corpo inteiro. Da mesma forma, é mais difícil "conduzir" uma palavra básica do monólogo do que mover todo o volume do seu texto. Agora virem e fiquem de frente para a parede e realizem esse exercício com os seguintes pontos:

- o "terceiro olho", o ponto no centro da testa, entre as sobrancelhas;
- o queixo;
- o ponto entre as clavículas;
- o plexo solar;
- o umbigo;
- o monte de Vênus.

Esse exercício ajuda a despertar a energia muscular e o aquecimento energético dos pontos biologicamente ativos (os professores de movimento cênico confirmarão isso). Recomendo que os atores realizem esse exercício durante o trabalho com o texto da personagem. Ele dá a sensação de um contínuo e lento movimento da palavra e

para a palavra, para onde se dirige a ação, que antecede o evento e o alongamento do evento em si.

Exemplos de alguns alongamentos que utilizo no trabalho com o texto:

- Em pé, de costas para a parede, tocar a sua superfície com o joelho.
- De lado para a parede, a uma distância de dois ou três passos, tocar a parede com sua orelha.
- De frente para a parede em diferentes distâncias, tocar a sua superfície com o calcanhar.

Apontamentos

O alongamento deve existir entre o "eu" e o personnage. A ausência de distância entre o "eu" e a representação leva à destruição da criatividade. Não se ouvirá nem seus próprios pensamentos. Não existirá a elevação da filosofia.

O alongamento é necessário para a análise; eu alongo o material da peça e encontro a forma como ele é feito, eu entendo que nos nós conflitivos não há muitas palavras e que deve haver aí mais vida física; vejo que nos espaços entre as palavras há vida. Se os acontecimentos na cena são demasiadamente densos, eles deixam de ser acontecimentos. Esse paradoxo continua a surpreender muitos diretores: os acontecimentos ocorrem na velocidade de uma explosão, mas o público fica entediado.

Se vivêssemos em silêncio, ouviríamos mais; e, com o silêncio, nos expressaríamos mais. Caso contrário, é apenas uma lata de lixo dos assuntos, um murmúrio dos pensamentos, o desperdício das palavras.

Exercício
Torção Horizontal

Recomendo utilizar este exercício quando se estiver trabalhando em um monólogo. É preciso combinar a realização da parte física com a interpretação do monólogo. O movimento para certa parte do corpo coincide com o movimento do texto para alguma frase do monólogo.

Fiquem eretos com os pés juntos. Virem a sola de seus pés para a esquerda o máximo que conseguirem. Tentem fazer isso sem mover o corpo de sua posição original; girem apenas a sola dos pés para o lado. Congelem essa posição dos pés e não os movam. Esse é o início do monólogo.

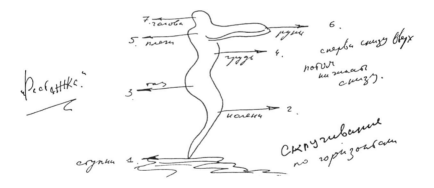

Agora, juntamente com o texto, virem os joelhos para a direção oposta. Isto é, se a sola dos seus pés estava virada para a esquerda, seus joelhos devem ser girados para a direita. Cheguem a uma determinada parte do texto que coincida com o limite do giro de seus joelhos. Congelem essa posição e torçam a pélvis para a esquerda. A posição mais extrema da palavra e a do corpo devem coincidir. Continuando com essa tortura medieval, passem para o tórax, ombros e braços. Por último, a rotação da cabeça. Essa é a parte final do monólogo.

Realizem esse exercício com confiança, com segurança, sem "quebrar" a respiração e, principalmente, distribuam o alongamento do corpo de tal maneira que coincida com a pronúncia do texto do monólogo. Isso ajudará a "ouvir" seu significado e conteúdo.

No final, congelem o corpo por 8 a 10 segundos e terminem o monólogo nessa posição. Realizem esse exercício novamente, girando em direção contrária.

Comecem a torção de cima para baixo e, em seguida, de baixo para cima.

Exercício

Torção Vertical

Posição inicial: de pé, estendam os braços para os lados, na altura dos ombros. As palmas das mãos devem estar viradas para trás o máximo que conseguirem. Esse é o início do monólogo ou do diálogo.

Gradativamente, comecem a girar as palmas para frente. Quando chegarem a essa posição máxima (o final da primeira parte do monólogo), façam o mesmo com a parte do braço que vai da mão ao cotovelo (segunda parte). Em seguida, do cotovelo ao ombro (terceira parte).

Realmente, a incorporação do texto não exige muito esforço. A parte anterior do monólogo levará à seguinte. Cuidem para que a incorporação não ocorra antes que cada uma das partes do braço alcance sua torção máxima.

Depois dos ombros, comecem a torcer o tórax (parte superior do peito), depois a lombar (parte inferior da coluna, logo acima do cóccix) e, por último, o pescoço e a cabeça.

Ao longo da torção, a cabeça deve ser mantida no alto, como se estivesse acima da água. Essa posição corresponde ao monólogo, à sua principal revelação que, como um ímã, atrai e define o movimento do monólogo até o final. E só no último momento a cabeça pode ser virada para baixo. Comecem a desenrolar-se a partir da cabeça, como se o monólogo começasse a partir do significado. A cabeça emerge em primeiro lugar, em seguida, o pescoço e assim sucessivamente, na ordem inversa. O último movimento é o giro das mãos.

Devo enfatizar que os pontos extremos não necessariamente devem ser os pontos finais do texto. Não precisa parar nos pontos extremos. Não façam pausas. Tentem conseguir do monólogo ou do diálogo a sensação de uma espiral que trabalha continuamente.

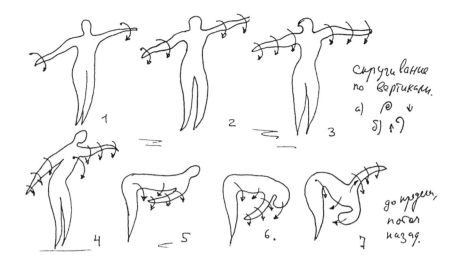

Exercício

Alongamento Por Partes

A parte superior do tronco deve mover-se para frente enquanto a parte inferior tenta se mover para trás. Os esforços uniformes, dirigidos em vetores opostos, não lhes permitirá caminhar pela sala, mas proporcionará um alongamento na região lombar.

Mudem de direção: a parte superior do corpo se inclina para trás; a inferior, para frente. Realizem esse exercício de tal forma que a parte superior do corpo se estique para cima e a metade inferior, para baixo. Em seguida, mudem de direção. Durante esse alongamento, vocês devem caminhar pela sala.

Agora, somente a cabeça se move para frente, enquanto o resto do tronco se move para trás. Mudem de direção a cada 20 ou 30 segundos.

Durante a variação, o alongamento básico ocorrerá na região do pescoço e dos ombros.

Utilizando os princípios já explicados, dividam o seu corpo como quiserem e alonguem as diferentes partes. Não limitem a sua imaginação quanto ao número de combinações diferentes. Por exemplo: parte esquerda para a esquerda; parte direita para trás; parte direita para a direita; parte esquerda para frente; braço esquerdo e perna direita para frente; perna esquerda e braço direito para trás.

Quando tiverem feito dez ou doze desses alongamentos, formem com eles uma combinação de umas oito ou dez partes e juntem todas elas em uma unidade. Vocês podem fazer isso com um colega. Uma música cuidadosamente selecionada os ajudará a reunir as diferentes partes, dando ao exercício a qualidade de uma forma artística.

E, por fim, sobre o alongamento... É possível realizar o espetáculo de maneira que o espectador observe o ator ou siga a ação. No primeiro caso, o ator desaparece gradualmente; no segundo, ele começa a aparecer através do espaço da própria ação. Em outras palavras, a pessoa que aparece é aquela que criou o espaço e que é o espaço. Trabalhando com esse princípio, o ator deve permanecer transparente durante algum tempo; então o público não o verá, mas enxergará através dele. Essa transparência é alcançada por meio do alongamento.

O ator transparente é o vidro através do qual o espectador vê todo o mundo, toda uma época, uma filosofia, uma ética. Pode-se dizer que o treinamento é a limpeza do vidro para que se enxergue melhor.

CapítuloQuatro

Energia
Para o Ator

Todos os exercícios deste capítulo são projetados para ajudar a preparar energeticamente o ator para sua entrada no palco, para a obra teatral e a personagem. Depois do treinamento, os atores deverão pular com agilidade no palco, sem tensão nem sofrimento. O treinamento deve remover o contraste que surge durante a transição de um campo energético (a vida cotidiana) para o outro (a arte). Essa é a primeira coisa.

Em segundo lugar, o treinamento deve provocar a efervescência de todo o potencial energético do ator, de todas as suas capacidades criadoras; para isso, deverá realizar um aquecimento interno específico.

Em terceiro lugar, os exercícios devem sintonizar a energia do ator com a energia específica da obra e as relações de trabalho com os colegas.

Em quarto lugar, deve-se equilibrar a energia de cada indivíduo com todo o conjunto, unir-se em um só sistema.

Somente preparando-se previamente é que se pode considerar o ator energeticamente pronto para a criatividade, para o trabalho no palco, para seu papel e para o encontro com seus colegas.

Não se deve economizar tempo nessa preparação. A energia é como uma faísca elétrica que aquece o ensaio, inflama a obra e o papel de cada ator, acende o desejo de criar no palco, no lugar, no tempo e com aqueles que a receberam.

Exercício

A Inspeção

Comecem o treinamento energético tranquilamente, sem pressa. Estou certo de que muitos de vocês sabem que a maioria dos nossos problemas estão relacionados com desequilíbrio energético. Por isso, antes de tudo, é preciso nivelar a energia para restabelecer o equilíbrio.

Deitados no chão, coloquem uma almofada sob o pescoço de modo que os músculos dessa região fiquem relaxados. Com uma inspiração profunda, contraiam os músculos do ânus e tensionem todo o corpo de baixo para cima.

Prendam a respiração, contando até 10, e, em seguida, expirem fortemente pelo nariz e relaxem. Durante a expiração, enviem a energia como uma onda do topo da cabeça até as pontas dos dedos dos pés. Na inspiração seguinte, a onda de energia se elevará sozinha, de baixo para cima (até o topo da cabeça).

Façam isso algumas vezes até que a respiração se acalme. Em seguida, descartem todos os outros pensamentos e comecem a "examinar" os músculos da cabeça, depois do pescoço, dos braços, das costas, do peito, do estômago, das pernas. O que significa "examinar"? Vou explicar. Não é difícil. Concentrem-se em uma parte específica do corpo e brinquem levemente com seus músculos, convencendo-se de que essas partes do corpo lhes obedecem. Realizem algo como uma "autoinspeção" das principais partes do corpo e, em seguida, passem para a inspeção dos órgãos internos.

Confiram tudo meticulosamente e não se esqueçam de manter a respiração tranquila e regular.

Apontamentos

A Bíblia *fala claramente sobre a energia de Deus como o início de toda a criação: "E disse Deus: 'Haja luz!' E houve luz"* (Gênesis 1:3). *Isso significa que a luz é a energia principal, original, pura e verdadeira.*

Exercício

A Luz e a Música em Nosso Interior

Como se infere do título, esse exercício requer música. Creio que, para começar, é melhor usar as obras dos grandes mestres.

Considerando que, no exercício anterior, vocês estavam deitados no chão, podem ficar na mesma posição. Não se deixem confundir pelo fato de que este já é o segundo exercício sobre o tema da energia e que vocês nem sequer haviam movido um dedo. Fiquem quietos e descansados. Posso lhes assegurar que os exercícios energéticos realmente não precisam ser realizados correndo, gritando, pulando e agitando os braços. Isso é um equívoco. O som brusco do despertador não é necessário aqui. Comecem, antes de tudo, com a sua própria energia interna. Ela está adormecida dentro de vocês e não está sendo trabalhada. Despertem sua reserva potencial de energia corporal por meio de exercícios tranquilos e estáticos.

Encontrem a posição ideal para um "efeito estereofônico": coloquem-se entre os alto--falantes de seu aparelho de áudio. Fechem os olhos. Tentem perceber a música com todo o corpo. Em seguida, dividam esse processo da seguinte maneira: escutem a música apenas com os pés, depois com o estômago, com a cabeça, os braços etc.

Vocês podem realizar esse exercício em diferentes sequências. Por exemplo, os sons mais baixos com o estômago, a pélvis, os pés; os médios, com o peito; os altos, com a cabeça.

Permitam que a música "passeie" por todo o corpo. Cada parte do seu corpo deve ser tomada pela energia das ondas sonoras. Cerca de 10 ou 15 minutos desse exercício darão ao ator uma boa carga de energia.

Devo adverti-los sobre um erro que pode invalidar esse exercício por completo: não se agitem nem dancem com a música. Aprendam somente a escutá-la, a percebê-la e a absorvê-la para que a música se instale em seu corpo, tornando-se parte integral da vida de seu corpo. A energia das ondas sonoras fará tudo sozinha.

Variação

A energia primária é a luz, que também é onda. Realizem um exercício, análogo ao anterior, mas utilizando a luz do sol em

lugar da música (não faz sentido realizar este exercício com luz elétrica). A luz deve penetrar em vocês. Aprendam a acumulá-la. É mais fácil começar a recolhê-la na região do plexo solar. Quando sentirem que a luz está dentro de vocês, comecem lentamente a movê-la por todo o corpo.

Eu já lhes havia dito para usar, no treinamento, uma sala com janelas. Não é possível? Então encontrem uma forma de fazer penetrar na sala ao menos um pouco de luz natural. Construam um sistema de espelhos, por exemplo.

Em seu trabalho em uma cena, a distribuição de cores também ajudará. Em um lado, por exemplo, o azul-claro; no outro, o amarelo. Eu lhes asseguro que o ator transmite e interpreta com bastante êxito não somente as palavras como também a cor. Eu adoro os vitrais das catedrais católicas. Eles não estão ali somente por sua beleza.

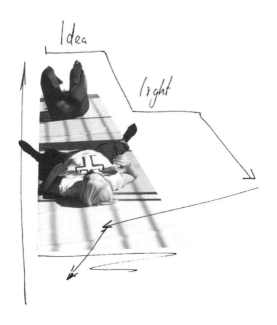

Exercício

O Efeito do Champanhe

Fiquem de pé e em linha reta. Os braços pressionados na lateral do corpo, os calcanhares juntos, as pontas dos pés separadas.

Estiquem-se ao máximo para cima, sem tirar a sola dos pés do chão. Fiquem nessa posição por um minuto.

Agora, continuando a esticar-se lentamente, tirem os calcanhares do chão, permanecendo na ponta dos pés.

Estabeleçam um eixo vertical que parta do topo da cabeça, passando pela coluna vertebral, até o centro imaginário entre a sola dos pés. Dediquem tempo suficiente à preparação desse exercício; realizem tudo com extrema precisão para não lesionar a coluna vertebral.

Acalmem a respiração e, em seguida, na expiração, batam no chão com os calcanhares de tal maneira que a onda da batida se levante até em cima, na vertical estabelecida por vocês.

Enquanto não conseguem a orientação exata da onda de baixo para cima, não batam muito forte. A batida deve ser precisa, curta e forte. Para um resultado perceptível, é suficiente realizar esse exercício somente duas ou três vezes, não mais que isso.

Apontamentos

Os povos do Oriente tinham uma tradição de enterrar os seus guerreiros, mortos em combate, em um túmulo comum e de despejar em cima deles um monte de terra. Os citas chamavam os túmulos de kurgan. Os mongóis os chamavam de batres, e os japoneses os nomeavam de outra forma. Existia uma mitologia dos túmulos e montículos que se elevavam sobre a planície: o planalto aumentava o efeito do espetáculo. Nessas colinas, eram construídas plataformas de madeiras para a realização de diversos rituais; essas plataformas são o protótipo do palco contemporâneo. As sepulturas tinham um campo energético forte graças à concentração de grande quantidade de energia sob a terra.

Antes de começar o ritual, os participantes batiam com os pés descalços no "palco" e, com isso, pareciam despertar a energia dos guerreiros adormecidos. Na linguagem atual, "bater no chão" era um aquecimento dos pontos bioativos localizados na sola dos pés. O princípio dessa cerimônia se converteu na base do treinamento do famoso teatro japonês de Tadashi Suzuki. Tive a sorte de observar esse treinamento executado pelo próprio mestre. Seu método foi projetado para transformar a energia biológica do homem em uma linguagem cênica especial.

Exercício
Dança PBA

PBA significa pontos biologicamente ativos. É melhor realizar esta série de exercícios com música rítmica, descalços em um piso de madeira ou um espaço de terra bem calcada. O caminho pelo qual vocês vão andar deve ser reto e não superior a 12 metros.

Passo 1. Posição inicial: o tronco na vertical, os joelhos ligeiramente curvados, o queixo levantado, o olhar dirigido para frente. Caminhem para frente com passos curtos, levantando bastante os joelhos e batendo as solas dos pés no chão, como se o estivessem achatando. A sola do pé deve tocar o chão completamente. A largura do passo deve ser de 10 a 15 centímetros.

Passo 2. Com a mesma posição inicial: caminhar de costas.

Passo 3. Caminhar para frente com o lado esquerdo.

Passo 4. Caminhar para frente com o lado direito.

Passo 5. Caminhar para frente com uma rotação em torno de seu próprio eixo vertical.

Passo 6. As solas dos pés devem ficar viradas uma de frente para a outra. Batam no chão com a parte externa das solas.

Passo 7. As solas devem ficar viradas para fora. Batam no chão com a parte interna das solas.

Passo 8. Batam somente com as partes macias das solas.

Passo 9. Batam com o calcanhar. Agora juntem os passos 2, 3, 4 e 5 com os passos 8 e 9.

Passo 10. Caminhem para frente como se estivessem caindo, mas no último momento coloquem um pé de apoio adiante. Vocês podem realizar esse exercício duas vezes: uma vez caindo sobre o pé direito; outra vez, sobre o pé esquerdo.

Passo 11. O mesmo exercício, mas primeiro com o lado esquerdo; em seguida, com o lado direito.

Passo 12. O passo é lateral cruzado. Uma batida acentuada com o pé direito, enquanto o pé esquerdo é movido para trás, sem colidir com o chão. Em seguida, uma batida acentuada com o pé esquerdo, enquanto o direito é movido para trás, sem colidir com o chão.

Passo 13. Agachados, movam-se deslizando as solas dos pés no chão. Não se curvem, deixem o tronco sempre ereto.

Passo 14. Realizem esse passo com um parceiro. Caminhem um na frente do outro. Se um avança, o outro retrocede. A distância entre vocês não deve passar de 20 centímetros. Troquem de papel e façam novamente o mesmo movimento.

Passo 15. O ator que avança e o que retrocede ficam de costas um para o outro. A distância não é maior do que 20 centímetros. Mantenham um ritmo moderado. Movam-se junto com o parceiro: um avança de costas, o outro retrocede.

Passo 16. Esse é realizado com vários parceiros. Coloquem-se em um círculo. Segurem fortemente as mãos uns dos outros e, alargando o círculo, movam rapidamente os pés e batam no chão com as solas, movendo-se em sentido anti-horário, sem esquecer o movimento para frente ao mesmo tempo.
Quando terminarem esse ciclo de exercícios, não se sentem imediatamente para descansar;

caminhem um pouco mais pela sala, sem pressa, ou passem para outro exercício mais tranquilo.

Exercício

Aplausos

Sabe-se que há muitos pontos bioativos nas palmas das mãos. Ao aplaudir, esses pontos são submetidos a uma influência física. Aquele que aplaude eleva seu próprio nível energético.

Tentem utilizar essa característica dos aplausos. Esfreguem as palmas das mãos, sem poupar esforços. Façam isso por 2 ou 3 minutos e, ao finalizar, elevem os braços, sacudindo com força as mãos.

Deixem as palmas das mãos como se estivessem segurando um balão de tamanho médio. Agora, como se o estivessem apertando, comecem a aplaudir com as pontas dos dedos. Façam isso com calma, mas aumentem constantemente o tamanho do "balão".

Mudem o tipo de aplauso:

- com toda a superfície dos dedos;
- com toda a superfície das palmas;
- com a parte macia das palmas e as bases das mãos;
- com as partes exterior e interior das palmas;
- com os ossos das articulações dos dedos;
- com as bordas das palmas;
- com as pontas dos dedos;

- com uma palma sobre a outra; essa última
ficará imóvel etc.

  Mudem o tipo e o ritmo das batidas: das fortes
para as suaves, das barulhentas para as quase
inaudíveis.

  Existem dezenas de variações de aplausos.
Vocês podem usar todas elas para ativar seus
pontos energéticos.

Atualmente, os aplausos só são ouvidos como um sinal de agradecimento dos espectadores aos atores. Mas, no teatro grego antigo, onde os espetáculos duravam várias horas, às vezes dias, o espectador mantinha a energia dos atores cansados com os aplausos e exigia uma atuação ativa. Quando o público adormecia, os atores iam até a ribalta e, com aplausos, exigiam a atenção dos espectadores ao espetáculo.

Apontamentos

Tenho notado que os atores muitas vezes suprimem o estalido das emoções, os jatos de energia, como se os estivessem armazenando. Mas esse não é o caminho certo. É necessário transformar a energia acumulada em outra forma de energia ou gastá-la por completo. Não deve haver economia nesses aspectos. A lei da energia é assim: quanto mais se dá, mais se recebe. Quando uma onda se vai, outra chega em seu lugar.

Exercício

Aquecimento das Zonas Energéticas

Primeiro, certifiquem-se de que suas mãos
estão bem lavadas e secas.

Esfreguem uma mão na outra. Comecem primeiro com a superfície externa das mãos, depois apenas com a interna. Após algum tempo, quando essas áreas estiverem quentes, comecem a girar seus pulsos como se fossem pedras de moagem de grãos. A mão direita deve realizar movimentos giratórios em sentido horário; a esquerda, em sentido anti-horário. Não pressionem muito uma palma da mão na outra, apenas deslizem levemente.

Depois de um tempo, quando sentirem o calor entre as mãos, e o corpo um pouco quente, juntem as palmas, formando uma esfera, e as aproximem das zonas energéticas básicas: o cóccix, o períneo, o púbis, o plexo solar, o centro da garganta, o "terceiro olho" e o topo da cabeça. Cubram a região escolhida sem tocá-la. A distância ideal é de 1 a 2 centímetros. Gastem não menos do que 1 minuto em cada ponto.

Vocês podem acomodar as duas palmas de tal maneira que o ponto a ser aquecido fique entre elas. Por exemplo, ao aquecer o "terceiro olho", coloquem uma palma na testa e a outra na nuca.

Exercício

Mover o Centro

Aquecer as zonas energéticas básicas é uma tarefa muito importante para o ator. Nesse exercício, nós nos ocuparemos apenas de quatro pontos. Há muitas coisas que se pode fazer para preparar este exercício. Por exemplo, aproximar as palmas das mãos previamente aquecidas desses pontos, como foi explicado no exercício anterior. Essa tarefa pode ser realizada entre duas pessoas: uma aquece simultaneamente os pontos da outra com as palmas das mãos. Consegue-se rapidamente o aquecimento de todas as zonas energéticas do ator quando se realiza essa ação entre, ao menos, cinco ou seis companheiros ao mesmo tempo.

Imaginem que vocês têm um terceiro olho na testa. Ou, para ficar mais claro, uma lanterna ou uma lâmpada, e vocês se movem na direção de um feixe de luz. Com esse feixe estreito, vocês parecem iluminar todos os cantos e pequenos detalhes da sala. Vocês podem deter-se em um objeto particular, observando-o e examinando-o cuidadosamente ou, sem prestar atenção nos detalhes, mover-se rapidamente em direção ao objeto que mais lhes interessa. O que importa é mover-se constantemente, certificando-se de que o movimento seja controlado pelo centro do terceiro olho. Somente o futuro lhes interessa. Somente o futuro os atrai e seduz. É como se estivessem correndo no primeiro vagão de um trem noturno, iluminando os trilhos com seu farol. A perspectiva do caminho os seduz e os atrai como um ímã. Vocês sentem que o caminho corre atrás de vocês como água. Todos os detalhes distantes e confusos se aproximam e, de repente, estão juntos de vocês. Vocês se

> nutrem com esse caminho, com cada um de
> seus trechos, com cada uma de suas curvas.

Se relacionarmos esse deslocamento a um papel no teatro, então esse será o espaço construído sobre esforço impetuoso e racional para o futuro. Certas frases e palavras formam as etapas do caminho. Tudo o que fica para trás não é importante. Até o presente não lhes interessa. O pragmatismo de uma ideia e a ideia do benefício arrastam a personagem apenas para frente. Existe, acima de tudo, uma energia poderosa que move tanto a personagem como o ator para o futuro.

> Mudem repentinamente de posição:
> localizem o ponto básico que os move não
> na frente, mas atrás de vocês, na nuca.
> Caminhem para trás, de costas. Ignorem
> aonde vão e o que os espera. Agora imaginem
> que estão no último vagão de um trem.
> O caminho da personagem parece "emanar"
> de vocês. O futuro é incerto. A perspectiva do
> seu movimento para frente se baseia no
> passado.
>
> Quase sempre há uma parte da personagem
> que é construída com base na memória dos
> eventos que estão distantes, nas pessoas e
> objetos que desapareceram.

Quero salientar que a energia do passado não é tão forte como a energia do futuro, embora os atores geralmente gostem de construir a base da personagem sobre aquilo que "veio antes". Mas vocês devem concordar que se pode nutrir não só do passado, não só da terra, mas também do futuro, do céu. São diferentes tipos de energia. Durante o trabalho com a personagem, é importante descobrir e observar constantemente de onde se nutre esse trabalho em sua totalidade e em cada uma de suas partes, em cada momento. É preciso buscar e combinar várias fontes de energia, e não apenas "do passado" ou "do futuro". A mesma mudança constante de fontes lhes confere a energia necessária; isso sem falar da diversidade de tipos de energia.

O professor estabelece com os atores os sinais com os quais deverão mover-se de frente ou mudar de direção e se mover para trás, isto é, de costas. A mudança de direção deve realizar-se de tal maneira que o ritmo e o tempo do exercício mudem constantemente.

Façam com que a mudança ocorra instantaneamente.

VARIAÇÃO

Agora tentem mudar a percepção visual deste exercício. Imaginem que no centro de sua testa, em vez de uma lanterna, há um enorme chifre. Vocês são unicórnios que correm pela sala e atacam com o chifre todos os objetos que o irritam, furam todos eles e os lançam no ar. Essa posição difere da anterior por seu dinamismo especial e, poderíamos dizer, por sua agressividade. Essa agressividade provoca o ator, concentra sua atenção e o obriga a acumular energia para um golpe curto e potente.

Se um dos atores ou o professor se colocar no centro da sala e estender um braço lateralmente, sustentando um lenço, enquanto os demais se aproximam e atacam esse lenço com os "chifres", isso se assemelhará, de certa forma, a uma tourada, quando o animal ataca o pano vermelho que o enfurece. Durante essa variação, é importante prestar atenção ao momento do ataque. Primeiro, é preciso marcar o alvo; depois vem a acumulação de energia; em seguida, um ataque brusco, momentâneo e potente.

Após assimilar o processo de preparação, tentem pronunciar, no momento do ataque, uma palavra ou frase da personagem com a qual estão trabalhando.

Passemos para a seguinte zona: "a fonte de vida". Ela está localizada no centro, na base do pescoço. É um ponto de mansidão e sacrifício.

Comecem a mover-se para frente e imaginem que somente esse ponto os guia e os conduz. Imaginem que desse ponto está saindo sua energia vital. É como se vocês estivessem entregando as suas vidas até o final, jorrando como uma fonte toda a energia vital, até a última gota. Ao realizar esse exercício, não tentem representar uma vítima. Procurem transformar o movimento em breves e impulsivas rajadas e bruscos jatos de energia procedentes do ponto indicado.

Eu sempre utilizo as palavras "brusco" e "impulsivo", porque a energia é transmitida por meio de explosões instantâneas, golpes breves, quanta.

Mudem a direção do movimento. Agora, quando se moverem para trás, façam com que o movimento que rege a ação seja o ponto situado atrás, no nível das vértebras cervicais. Durante esse movimento para trás, retrocedam e cubram a parte central do pescoço com o queixo, como se estivessem tentando protegê-lo. Mas, ao mesmo tempo que o protegem, vocês se preparam para o próximo jato de energia. Quando isso ocorrer, sentirão um fluxo de energia jorrando do centro do pescoço.

Tentem realizar essa emissão de energia enquanto falam o texto.

Como disse anteriormente, a transição do movimento para frente e para trás, em todas as variações deste exercício, deve ser realizada de acordo com a indicação do professor. Porém, com o tempo, pode-se tentar fazê-lo de forma independente, com seu próprio método ou intuitivamente. Quando sentirem que a energia está acumulada e está transbordando, coloquem tudo para fora, até que não reste mais nada.

No final de cada etapa do trabalho, executem o exercício com o texto necessário, com o papel ou a cena em que vocês estão trabalhando.

O ponto do plexo solar está um palmo acima do umbigo. Primeiro, como de costume, comecem com um simples movimento para frente. Esse ponto é especial, o ponto do sol, a fonte de toda a riqueza de suas emoções, e vocês devem, sem se poupar, preencher com a energia de suas emoções o espaço que os rodeia: todo o palco, seus companheiros e o espectador. Vocês devem iluminar o maior espaço possível com a energia de suas emoções, com um amplo fluxo de luz. Sua intensidade deve ser suficiente para iluminar cada cantinho, aquecer cada setor. Entreguem a energia sem reservas, sem economizar, com a generosidade de um czar. Lembrem-se do exercício em que vocês acumularam luz solar.

Agora o movimento para trás. Para isso, vocês devem tomar de volta tudo o que acabaram de doar. Absorvam tudo, imaginem que não respiram pela boca nem pelo nariz, mas através do ponto do plexo solar. Mas, ao absorver tudo, sabem que, em seguida, entregarão isso de volta com acréscimos. Não há emissões semelhantes, elas não se repetem. Durante a acumulação de energia, vocês podem mudar o tom antes de uma nova emissão. Podem fazer isso de uma forma mais potente ou mais delicada do que a anterior.

É importante prestar atenção à mudança, quase instantânea, do movimento de "frente para trás". A força da emissão de energia é o que importa. Deve ser uma emissão curta, como um jato de gêiser. Depois de dominar a técnica do exercício, utilizem o texto da sua personagem no momento da emissão.

O monte de Vênus está localizado um pouco acima do púbis. A energia é terrena, sexual, animal. Em grande parte, é agressiva e áspera. Está relacionada com a cor vermelha. O trabalho com esse ponto se realizará na mesma sequência de passos dos exercícios anteriores.

E, com ele, terminamos a preparação da parte final desta série de exercícios. No final, depois de aquecer cada ponto separadamente, deve-se começar a trabalhar com todos eles ao mesmo tempo. Em outras palavras, vocês devem mudar os centros energéticos, a direção do movimento, o ritmo e o tempo de execução durante todo o exercício. Primeiro, façam a mudança de pontos de acordo com o sinal do professor; em seguida, de forma independente, segundo suas próprias decisões, de acordo com sua composição e seu texto.

Como se faz isso? Por exemplo, para trabalhar com uma cena ou com um monólogo específico, em primeiro lugar, é preciso dividi-los em partes e estabelecer a ordem de trabalho dos centros energéticos. Vocês podem definir que, por exemplo, o monólogo começa emocionalmente, abertamente, em certo lugar, como se saísse do ponto do plexo solar. De repente, ocorre uma mudança; o monólogo se move para trás, como se estivesse se preparando para a parte seguinte. E nesse ponto o monólogo é frio, racional; é o ponto do terceiro olho que mais corresponde a essa parte, e assim por diante. Em uma determinada parte, a energia se acumula; em outra, ocorre uma explosão. Prestem atenção às mudanças de tipo de energia: suponhamos que se acumula energia intelectual e se emite energia sexual. Uma mudança do tipo de energia é sempre inesperada e interessante para o ator.

Após preparar em detalhe a composição, comecem a realizar esse exercício com ousadia. Durante todo o exercício, avançando e retrocedendo, e sobretudo na emissão de energia, no momento de mudança das partes da composição, usem algumas palavras ou frases do texto. Dessa forma, o exercício ajudará no seu trabalho detalhado em uma cena.

Apontamentos

O teatro só existe no presente: isso é necessariamente verdade? Não estou certo. Em todo caso, em relação à energia, não é assim.

No teatro, há uma energia que se instala no passado, no presente e no futuro. Muitas vezes, os atores tentam encontrar a energia no passado. É por isso que a maioria dos atores gosta tanto de extrair energia das pausas. É bonito, mas na verdade nem sempre é eficaz. A energia que nasce no agora é muito melhor, de maior qualidade e mais potente, isto é, quando a fonte de energia se encontra no que se está interpretando no presente, seja uma cena ou um monólogo. O ator descobre a fonte de energia na frente do espectador e dos companheiros. E, o que é mais importante, ele a obtém durante a atuação. Isso não é apenas bonito como também atrai o público para a ação. Imaginem um poço perfurado do qual, de repente, do fundo da terra e devido à pressão da profundidade, sai um jato de petróleo.

Mas ainda é mais interessante para o ator procurar, encontrar e nutrir-se da fonte de energia que não se encontra aqui e agora, mas no futuro. Essa fonte vive nas cenas futuras ou mesmo mais além dos limites da personagem e da obra teatral. E isso, como vocês podem imaginar, já é um tipo diferente de energia, uma energia de fé e de sonhos. E é uma atuação diferente. Essa energia é mágica, maravilhosa, e toca o subconsciente do ator e do espectador. Não se pode compará-la com as anteriores, mas é difícil apreendê-la e mantê-la.

Atualmente, após diversos experimentos no palco, posso dizer com segurança que o ator não pode atuar durante muito tempo com apenas uma fonte de energia. As fontes de energia para o ator, para a personagem, para a cena e para o espetáculo devem mudar o tempo todo. O professor, o diretor e, claro, o próprio ator devem considerar isso permanentemente. É preciso descobrir fontes diferentes, de diferentes energias com diferentes qualidades. Uma fonte distinta é outra interpretação, outra estrutura de sentimentos e nuances emocionais. É importante descobrir e utilizar no trabalho energias potentes, fontes eternas e não somente pequenas emissões de desejos animais e memórias de naftalina. Vocês precisam de energias construtivas, positivas, unificadoras e envolventes. A busca dessas energias é o que mais toma tempo do ator e do diretor na preparação de um espetáculo e de uma personagem. Cada professor de teatro é constantemente confrontado com a questão: que energia é melhor utilizar na formação e no ensino de determinado grupo? E com cada aluno separadamente? Que força oculta deve ser despertada neles? Essas perguntas devem estar presentes não apenas durante a construção de uma estratégia educacional e na composição de um cronograma, mas também no trabalho diário. Pode-se dizer, inclusive, que devem ser resolvidas pelo professor diariamente, durante cada aula e, literalmente, minuto a minuto.

Exercício

A Energia em Pares

Os exercícios relativos à energia são eficazes em pares: um conduz e o outro segue. Nesses treinamentos, encontramos a base da concepção dos diálogos, não apenas como uma troca de palavras e ideias numa sequência alternada, mas também como uma constante troca de energias.

Um ator é o guia. Depois de aquecer as palmas das suas mãos, ele cobre um dos centros de energia do ator que está sendo conduzido. Graças a esse contato, ele guia o companheiro pela sala. O ator conduzido deve ficar com os olhos fechados.

É preferível começar o exercício com o ponto localizado no topo da cabeça. A velocidade e o tipo de movimento dependem, antes de tudo, do líder, mas também dependerá do quão obediente é o ator conduzido para cumprir as propostas de seu líder. O ator conduzido não deve, de forma alguma, mostrar iniciativa. E o líder deve fazer com que ele o obedeça. Lembrem-se de que a orientação do movimento deve ocorrer apenas através de um ponto: o centro energético. Com essa condição, o centro se aquecerá e entrará em ação. Depois de algum tempo, mudem o ponto de contato e dediquem-se a aquecer outro centro. Em seguida, o próximo, e assim por diante. Nos últimos 3 a 5 minutos do exercício, utilizem todos os centros de energia, um após o outro, alternando as mãos. Depois, realizem as trocas de papéis do líder e do conduzido.

Apontamentos

A energia do diálogo é criada pela diversidade dos potenciais dos companheiros e não somente pelo dinamismo das ações e reações.

Exercício

A Batalha dos Pontos Energéticos

Neste exercício, apenas três pontos de energia serão ativados: o terceiro olho, o plexo solar e o monte de Vênus.

Dois atores se colocam um de frente para o outro a uma distância razoável de 100 a 120 centímetros. Coloquem uma tábua de madeira do tamanho da distância estabelecida (eu costumo usar uma de bambu, porque é mais bonita e mais leve) entre um ponto de um ator e o mesmo ponto do outro ator. Isso vai ajudá-los a sentir e a manter uma distância constante. Se a distância aumentar, a tábua de bambu cairá; se a distância diminuir, vocês sentirão dor. A primeira parte do exercício, a preparatória, consiste em organizar, caminhando pela sala, um jogo para conquistar a liderança do movimento. É importante manter suspensa a tábua entre os pontos energéticos. A iniciativa da velocidade, do tipo e da direção do movimento corresponderá a ambos os atores e, por isso, mudará constantemente de acordo com o plano de batalha escolhido.

Assim que os atores tiverem assimilado o princípio de inter-relação desse jogo, deve-se retirar a tábua e continuar o exercício sem ela. É importante conservar a tensão entre os dois pontos.

Agora vocês precisam diversificar o tipo de movimento. Diminuam ou aumentem a distância básica (a pressão entre os pontos dependerá disso), provoquem-se e ataquem-se entre si, proponham ao companheiro novos passos no jogo mútuo dos centros de energia. É essencial realizar esse tipo de trabalho com todos os centros energéticos já citados. Para esse exercício, deve-se gastar não menos do que 10 a 15 minutos em cada um dos pontos.

Depois de assimilar a técnica do exercício, incluam o texto de sua personagem, mudando constantemente os pontos energéticos, variando a distância, a direção do movimento, o tipo de relação, a intensidade dos ataques, e assim por diante. Esse exercício é muito útil para ensaiar diálogos. A preparação, a observação, o ataque, a defesa, a iniciativa, a finta, a provocação etc. – tudo isso são táticas e estratégias de qualquer diálogo. Dividam o diálogo com o seu parceiro de acordo com certas direções e pontos energéticos, estabeleçam os momentos de mudança, de transição, e realizem o exercício como se fosse uma cena que estão ensaiando.

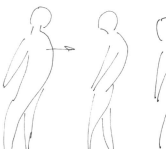

Apontamentos

Como restabelecer um espetáculo produzido ou uma personagem interpretada quando retornamos a eles após um longo período de tempo?

Com o que começar?

Como trazer vida àquilo que anteriormente foi descoberto e realizado? Antes de tudo, é preciso desenterrar a fonte de energia do espetáculo e dos ensaios anteriores, reviver essa fonte. Explicar como surge a vida de uma personagem é explicar de onde vem a energia, como ela se desenvolve e como se move. É preciso encontrar o ponto onde a energia nasce e o ponto onde ela aspira chegar.

Exercício

O Jogo dos Aplausos

Preparação. Dois atores se colocam um de frente para o outro, com os braços ligeiramente estendidos à frente no nível do peito.

Comecem com o aplauso habitual com as palmas das mãos, ao que daremos o número o.

O próximo aplauso será com as palmas do parceiro. É o aplauso número 1.

Agora repitam o aplauso o.

Aplauso 2: você e seu parceiro batem palmas apenas com as mãos direitas.

Aplauso o novamente.

Na terceira vez, batam palmas com as mãos esquerdas. Depois o aplauso o e, em seguida, recomecem: as duas palmas; aplauso o; palma direita; aplauso o; palma esquerda; aplauso o; as duas; aplauso o; a direita; aplauso o; a esquerda; aplauso o etc.

Realizem esse jogo durante 5 minutos, sem se preocupar com as suas palmas nem com as do seu parceiro. Como variar esse exercício? Em primeiro lugar, diversifiquem o ritmo dos aplausos, sua duração, incluam pausas na dinâmica do jogo, mudem constantemente a distância de comunicação, busquem momentos de improvisação e, claro, utilizem música, se quiserem.

Passemos para a parte principal do exercício. Depois de estabelecer com seu parceiro uma certa combinação de aplausos, comecem a se deslocar por toda a sala, sem alterar o princípio do jogo. Os aplausos se tornam a base para a improvisação da cena. O tipo de interação entre os parceiros, os eventos que ocorrem, as mudanças de iniciativas, tudo se realizará somente por meio da diversidade de aplausos.

Neste exercício, pode-se utilizar qualquer suporte, incluindo algum móvel. Incluam esses elementos nos momentos de interação e na composição geral do jogo.

Adicionem algum texto, bem como as circunstâncias de uma cena que estão ensaiando.

Tentem fazer com que o ritmo dos aplausos gradativamente se converta em um conceito interno, levando a uma nova qualidade de comunicação com o seu parceiro. Deixem de aplaudir, mas continuem escutando os aplausos em seu interior, cuidando para que o novo tipo de comunicação dependa do seu ritmo interno.

Apontamentos

Eis uma regra importante para professores, atores e diretores: imediatamente depois que se esgota o sentimento, isto é, que se esgota a energia, deve-se mudar a essência do teatro. É impossível permanecer por muito tempo em um só tipo de teatro, por exemplo, o psicológico ou o lúdico; é preciso mudá-lo, mudar a natureza do teatro, a natureza da atuação, caso contrário, o espetáculo ou a personagem começarão a perder energia.

A qualidade da energia determina a duração de sua vida ativa ou passiva. Por exemplo, a energia da agressão é muito breve, uma vez que deve transformar-se rapidamente em uma ação concreta. A energia da alegria pode durar um bom tempo e pode variar. A energia do riso, da alegria e do regozijo envolve mais rapidamente a sala onde se realiza o espetáculo do que a energia das lágrimas, da infelicidade, da tristeza e da depravação. Essa última isola e afasta o espectador.

Exercício
Risos e Lágrimas

Este exercício antigo era usado por Carlo Goldoni no trabalho com a sua companhia. O notável escritor, dramaturgo e diretor também se dedicava à formação teatral. Esse mestre dedicou anos inteiros à reeducação de atores com um espírito bastante livre da *Commedia dell'Arte* e a levá-los a outra forma de atuação dentro de uma rígida estrutura dramática de diálogos e monólogos, com textos autorais precisos.

No entanto, Goldoni pegou tudo o que era útil na arte das improvisações no palco, tudo o que poderia utilizar em suas aulas. Ele notou que os atores do teatro de máscaras, ao trabalhar a qualidade e o conteúdo do riso (um dos mais potentes recursos dos atores dessa arte), rapidamente conseguiam ficar em boa forma. Por isso, sem duvidar um instante, ele incluiu este exercício em seu treinamento.

Comecem a rir, utilizando apenas o som
A. Não pensem na naturalidade ou na
autenticidade do riso. Isso não importa.
O importante é a pureza do som e a duração
do exercício: 1 minuto, no mínimo, mas
quanto mais, melhor. Façam o mesmo com
o som O; em seguida, U, E e I. Agora riam
durante dois minutos, sem parar, alternando
os sons de A a I. Depois, comecem com a
letra I até chegar no A. A seguir, as lágrimas.
Chorem com o som A; em seguida, troquem
as letras como fizeram com o riso.

Próxima tarefa: utilizando todos os sons
de A a I, alternem o riso e as lágrimas.

VARIAÇÃO 1
Realizem esse exercício em pares: com seu
parceiro, utilizem o mesmo som; em seguida,
cada um utiliza um som diferente.

VARIAÇÃO 2
Um ator ri, o outro chora; depois, o que ria
troca de letra e começa a chorar, enquanto o
que chorava começa a rir.

Exercício

O Tiro

Três ou quatro atores, os "alvos", se colocam juntos de frente para a parede. Um ator, o "atirador", se coloca 7 ou 9 metros atrás deles. Ele decide qual das pessoas junto à parede será o seu alvo. É permitido "disparar" na região de qualquer centro energético, com exceção dos que se encontram na cabeça. O tiro é um aplauso brusco com ambas as palmas, dirigido ao ponto selecionado do alvo. Assim, o alvo é estabelecido e o ponto para o qual vocês enviarão o seu raio de energia é selecionado. Esfreguem as mãos até que elas fiquem quentes. Então, como se recolhessem a energia em suas mãos, enviem o aplauso bruscamente, junto com o som "I", ao ponto escolhido no alvo. Imaginem que de um aplauso nasce um raio extremamente concentrado de energia, uma injeção. O som e o aplauso devem fundir-se em um só impulso, breve e violento. O ator que perceber a carga enviada para ele deve levantar a mão. Em caso de erro, pode-se repetir o disparo ou trocar o alvo.

Após conseguirem bons resultados, aumentem a distância entre o atirador e o alvo.

VARIAÇÃO 1

Os atores que estão junto à parede viram-se para o atirador, mas com os olhos fechados. Substituam os aplausos bruscos pelo lançamento de um balão imaginário. O balão deve voar e cair suavemente sobre o alvo. Estendam o som "i" durante todo o voo do balão, até o momento de tocar o alvo.

Outro tipo de "arma" para esse exercício é um repentino e apaixonado beijo. Um beijo no ar, obviamente.

VARIAÇÃO 2

Realizem esse exercício utilizando uma série de disparos. Transitem de um aplauso repentino para um balão, para um beijo carinhoso ou diferentes alturas e potências do som "i". Mudem constantemente de ritmo e duração.

VARIAÇÃO 3

É hora de utilizar as palavras do texto. As palavras são o mesmo que as injeções energéticas, os beijos e os disparos. Primeiro, utilizem-nas com outras armas até que comecem a funcionar com a mesma eficácia e variedade dos aplausos, dos sons e outras armas nas variações anteriores.

Exercício

O Farol-Radar

Este exercício foi calculado para dois grupos de atores de quatro a seis pessoas cada um. Os grupos colocam-se a uma distância de aproximadamente 6 a 8 metros. Um grupo, que chamaremos de A, senta-se no chão junto à parede, a uma distância de 1 metro entre cada um dos integrantes, com os olhos fechados. Certifiquem-se de que os centros energéticos dos atores sentados não estejam bloqueados; isto é, esses atores não devem cruzar os braços nem as pernas.

Os integrantes do outro grupo, que chamaremos de B, fazem um acordo em segredo e elegem um alvo no grupo A. Assim, cada ator do grupo B tem um objeto de ataque no grupo A. Os membros do grupo B se instalam em diversos lugares da sala e começam simultaneamente a enviar golpes de energia, impulsos, ao ator-alvo, como no exercício anterior, "O Tiro". Mas, neste exercício, eles devem passar de atirador a farol, isto é, devem ser um radar que envia um raio de luz ao parceiro, graças ao qual ele encontrará o caminho seguro. Para isso, será necessário não ser um atacante, mas um guia dos impulsos. Pode-se utilizar todo o arsenal do exercício "O Tiro", exceto palavras e sons. O ator-radar não pode mudar de posição.

Não se apressem. Encontrem uma pulsão energética segura, uma onda em comum com o seu parceiro. Quando ele a sentir, deve-se levantar e, após localizar a fonte das ondas, começar a deslocar-se em sua direção, até que a encontre.

Em seguida, os grupos A e B devem trocar os papéis.

Apontamentos

Na Suécia, realizei treinamentos com atores do Teatro da Cidade. Havia participantes de diferentes idades: desde os jovens e inexperientes até os veteranos, cheios de experiência no palco e na vida. A maioria trabalhava com entusiasmo, mas alguns dos "veteranos" temiam seriamente perder sua autoridade nos simples exercícios escolares. Esperando certa condescendência de minha parte, eles me contavam seus êxitos passados e ficavam muito nervosos quando não conseguiam realizar direito os exercícios. Eu os compreendia muito bem de um ponto de vista humano, mas não reduzia minhas exigências.

E, assim, uma dessas "autoridades", alegando problemas de saúde, começou a chegar ao treinamento com óculos de sol e, durante alguns exercícios, nos quais era necessário trabalhar com os olhos fechados, ele mantinha os olhos abertos, sem que os outros o notassem. Graças a essa artimanha, naturalmente nunca cometeu um erro.

Quando descobri o estratagema, meu primeiro instinto foi o de revelar a mentira aos demais, mas me assombrava a destreza com que o ator realizava esse truque, particularmente no exercício "O Farol-Radar". Como representava a busca do caminho, como ficava alegre no encontro com o parceiro e como o admirava por sua energia! Com cada um desses "êxitos", ele se tornava mais seguro graças a seu talento extrassensorial. Ele mudou diante de meus olhos: parou de ter medo, começou a participar com grande prazer de outros exercícios. Sentiu novamente que podia realizá-los. Decidi, então, não comentar nada.

5
Capítulo Cinco

O
Caminho

O mais perigoso de tudo é energia descontrolada. Como Chernobil. A energia exige um caminho construído com precisão. Para mim, a arte da composição é a habilidade de inventar, de criar uma obra, de construir um caminho. A composição é criação, é uma capacidade especial de raciocínio, é um dom natural que os atores (e, mais ainda, os diretores!) podem e devem desenvolver em seus treinamentos diários. A composição é também a técnica da interpretação, a arte de expressar os pensamentos, os sentimentos e os movimentos com uma linguagem precisa e clara. Tudo isso vocês já sabem.

Eu adoro essa expressão oriental: "o caminho faz o caminhante". Dela surgiu a imagem de um ator que anda pelo caminho da personagem. Partindo dessa imagem, compreendi que a composição é o caminho, e a arte da composição é a formação do caminho da personagem. Mas tenham em conta que o caminho não é só uma trilha no bosque, uma estrada ou um riacho nas montanhas; ele pode aparecer de várias formas: como uma espiral, uma esfera ou até mesmo partes desconexas do caminho que não estão unidas diretamente. O caminho diz ao ator as palavras, lhe dá um estímulo para os sentimentos e emoções, organiza sua vida física, seu ritmo, sua maneira de se comportar, revive os temas e dá origem a imagens etc. Se algo é falso e contradiz a obra teatral, a cena ou a análise, então a primeira coisa a fazer é alterar o caminho.

Exercício

O Labirinto

Com cadeiras, formem um corredor de 1,5 a 2 metros de largura e 8 a 12 metros de comprimento. Os atores, com os olhos fechados, devem caminhar por ele, sem tocar nas cadeiras. Quando todos os atores tiverem dominado essa tarefa, alterem a configuração do caminho, criando duas ou três voltas nele.

Agora vamos torná-lo mais difícil. Formem um labirinto de cadeiras com diferentes possibilidades de passar por ele. É importante que cada ator escolha o seu próprio caminho, a sua própria composição.

Antes de começar a caminhar, separem o labirinto em diversos setores e passem mentalmente por cada um deles e, depois, por todo o labirinto. Calculem quanto tempo e quantos passos vocês precisarão para cada setor. Quanto tempo demorarão na volta? Onde haverá uma pausa no caminho? Por quais setores poderão passar rapidamente? E por quais passarão lentamente? Em que ritmo?

Realizem tudo o que planejaram com os olhos fechados e comparem com os cálculos prévios. Habituem-se a cumprir a tarefa com precisão desde a primeira tentativa. A preparação antecipada consiste justamente em treinar a sua capacidade de avaliar corretamente o tempo que levarão para percorrer o labirinto e de se localizar dentro dele.

Se vocês estudam a composição de uma personagem, e não as palavras do texto, então as palavras chegarão até vocês sozinhas. Se quiserem uma interpretação livre, construam com precisão o caminho da personagem. A autêntica compreensão da liberdade não vem em um campo aberto, mas em uma cela de prisão.

VARIAÇÃO

O ator primeiro percorre o caminho desde o ponto de partida até a saída do labirinto. Em seguida, retorna ao ponto de partida.

Utilizem esse exercício durante o estudo da composição da personagem, do monólogo ou da cena. Nesse caso, vocês mesmos devem construir um labirinto com cadeiras e percorrê-lo mais de uma vez.

Em lugar das voltas, pode-se utilizar palavras ou frases do texto da personagem que determinem o momento decisivo da cena ou da personagem.

Tentem interpretar todo o texto do monólogo no labirinto. Não é fácil, mas estou certo de que a composição do monólogo se tornará muito mais clara, tangível e vívida.

Apontamentos

A composição não é apenas uma ideia exterior, mas também uma noção interna de como se constrói o papel em seu interior, como se compõe o conteúdo e a representação de todo o espetáculo. A composição não é sempre visível.

Os visitantes do jardim de pedras do templo Ryōan-ji, em Kyoto, tentam adivinhar sua composição invisível. Muitas vezes, eles ficam parados por horas, inventando, especulando e terminando de construir as possíveis variações. Vou revelar a vocês os princípios invisíveis da criação desse jardim:

- *As linhas imaginárias que unem dois objetos não devem ter o mesmo comprimento.*
- *As linhas imaginárias que unem dois objetos não devem ser paralelas.*
- *Dois objetos não devem ser do mesmo tamanho.*
- *O princípio essencial é a assimetria.*

A assimetria pressupõe a relação entre os atores e os espectadores, entre o teatro e a vida. Eis o princípio essencial da composição na distribuição das pedras desse jardim mundialmente famoso: por mais que vocês mudem seu ponto de observação, uma das pedras sempre ocultará a outra.

Existe a possibilidade de se ver toda a composição? Existe: de cima, e nisso consiste a ideia do desenho do jardim.

Exercício

A Composição do Tempo

Determinem o tempo durante o qual devem realizar alguma ação simples: sentar em uma cadeira, pegar um livro da mesa etc. Agora realizem uma dessas ações, após dividi-la previamente em várias partes e distribuí-la mentalmente nesse espaço de tempo. Deve-se realizá-las logo em seguida, sem ensaiar.

As primeiras tentativas podem ser realizadas com um ritmo, sem acelerações nem desacelerações. Mais adiante, porém, deve-se evitar a monotonia. Não há necessidade de angustiar-se excessivamente nem de mudar de ritmo com frequência. Pensem em como o tempo flui em seu monólogo, cena ou personagem. As palavras do texto vivem em um rio tempestuoso ou calmo? Da plateia sempre se nota a "agitação" do ator, graças à qual se reconhece imediatamente a falta de profissionalismo. Façam as correções necessárias e tentem novamente em outra composição temporal.

Apontamentos

A composição pode estar tão velada, sua moldura pode estar tão oculta, que ninguém compreenderá como ela contém toda a obra. O exemplo citado da composição do jardim japonês ilustra isso com precisão.

Mas também pode ser o oposto: a composição da personagem, do espetáculo, está exposta, mostrando-se abertamente como na arquitetura contemporânea. Seu esqueleto é visível. Por exemplo, o museu Pompidou, em Paris. As vigas, a estrutura, as fundações e o grau de risco da construção estão expostos ao espectador. Isso nos mostra mais uma vez que a composição não tem apenas um valor utilitário, mas é uma arte em si.

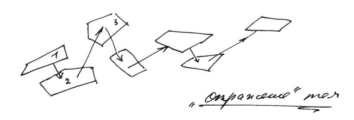

Exercício

A Máquina de Escrever

Este exercício deve ter uns cem anos. São muitas as gerações de professores que o têm utilizado, mas eu ainda o considero atual e útil. É por isso que eu o aperfeiçoei um pouco para o meu treinamento. Vejamos o passo a passo:

> Imaginem que todo o grupo é uma máquina de escrever. Cada ator é uma letra, mas se o seu grupo não for grande o suficiente, cada participante pode representar duas ou três letras.
>
> Escolham uma frase curta que tenha de quatro a cinco palavras. Tentem "escrever", isto é, aplaudir cada uma das letras que formam as palavras da frase escolhida. O final da palavra é um aplauso geral e, ao final da frase, todos ficam de pé. Se os sinais de pontuação forem essenciais, batam com o pé em uníssono. Esse exercício irá ajudá-los a compreender e a sentir como uma composição é sustentada e guiada por todo um conjunto.
>
> Após essa fase inicial, tomem como tarefa três linhas de um bom haicai:

No ramo seco,
Senta-se o corvo solitário.
Uma noite de outono.

Nesse exercício, os atores já estão familiarizados com as frases, palavras e letras. Em outras palavras, a composição é conhecida pelos atores. O importante é realizá-la com precisão. Proponho agora algumas variações, durante as quais a composição deverá ser criada por todo o grupo durante o ensaio, sem qualquer acordo prévio.

VARIAÇÃO 1

Vamos começar com esta tarefa: escrevam a famosa frase de Stanislávski sobre a arte e o artista – "Ame a arte em si mesmo e não a si mesmo na arte." Esperamos que essa frase sobre o amor à arte e a si mesmo aflore imediatamente na imaginação dos atores. Claro que vocês podem usar outra frase ou citação famosa; o importante é que não seja pronunciada em voz alta. É necessário que a frase unifique todos os atores e estimule sua reprodução na imaginação. Com base nessa imagem única para todos, deve-se escrevê-la na "máquina de escrever". Para a realização deste exercício, certamente serão necessárias várias tentativas e, em cada ocasião, deve-se evitar que a frase seja pronunciada em voz alta. Ela só pode viver na imaginação ou estar em processo de "escritura".

VARIAÇÃO 2

Essa variação é mais complicada: componham e escrevam uma frase de saudação matutina, de saudação natalina etc. Melhor ainda: criem uma frase para expressar simpatia, compaixão, apoio a um amigo. Na imaginação de cada um, podem surgir dezenas de palavras e frases. Elas estarão unidas por um tema comum. Durante o processo de criação, as palavras serão formadas lentamente, com hesitação, letra por letra, e cada letra proporá ao ator novos modelos, construções de todo tipo e frases novas, diferentes. Tudo é decidido e criado pelos atores no próprio processo de composição.

Essa variação do exercício é fundamental para desenvolver o sentimento de beleza que surge da composição viva. Também é primordial para desenvolver a habilidade de conduzir coletivamente uma composição única.

VARIAÇÃO 3

Durante o trabalho com uma obra teatral específica, proponham aos atores que escrevam uma frase do monólogo de uma das personagens na "máquina de escrever". Pode-se definir essa tarefa de forma mais detalhada, para que o ator espontaneamente faça uma análise da personagem. Por exemplo: uma frase da ação básica da personagem, frases contraditórias etc. Isso será útil não somente para a formação da arte composicional dos atores como também para que estudem e analisem o material de uma peça teatral e seu estilo artístico.

VARIAÇÃO 4

Dividam-se em dois grupos, em duas "máquinas de escrever". Realizem o "diálogo das máquinas". É claro que, nos dias de hoje, usar máquina de escrever é um anacronismo. Bem, vamos considerar que vocês estão usando um teclado de computador e estão em um bate-papo *on-line*. Antes de tudo, determinem a ordem dos papéis de cada grupo. Por exemplo, um grupo assume o papel de uma atriz e escreve o seu texto; o segundo grupo assume o papel do diretor e é responsável por seu texto. Durante o processo de composição, deve surgir um diálogo entre eles.

Apontamentos

Uma das composições mais complexas de se realizar é a composição da forma. A sucessão de suas partes deve dar ao ator a liberdade de pensar em imagens, a capacidade de compor e recolher imagens no palco. A combinação sucessiva dessas imagens serve para que nasça e evolua de maneira íntegra a imagem da personagem, da cena e do espetáculo.

Exercício

O Arco-Íris

O arco-íris é uma das mais belas composições naturais. Ao trabalhar na elaboração da personagem, cabe definir seus parâmetros de luz e cor. O papel pode ser representado como um arco-íris. A cena pode ser rosa, depois tornar-se verde, depois amarela, e assim por diante. Um monólogo pode ser amarelo, depois azul, depois vermelho. A cor e a luz são conceitos semânticos, sensitivos e energéticos e devem ser usados pelo ator durante o trabalho de composição.

Sentem-se confortavelmente, de forma calma e relaxada. Fechem os olhos. Vamos compor juntos um arco-íris, evocando suas cores na

nossa imaginação. A ordem é a seguinte: primeira cor, vermelho. Quando ela surgir na imaginação, não a deixem desaparecer ou mudar. Segunda cor, laranja.
Façam o mesmo. Ao final, imaginem as seguintes cores: amarelo, verde, azul-claro, azul-marinho e violeta.

Comparem:
- Qual cor foi mais difícil evocar em sua imaginação?
- Qual foi a mais difícil de reter?
- Qual não queria aparecer sob as suas ordens? Trabalhem com as cores "desobedientes". Todas elas devem seguir o seu comando.

VARIAÇÃO 1

Alterem a ordem inicial da composição: que a primeira cor agora seja o laranja; a segunda, o amarelo; em seguida, o verde etc. Assim, a última cor de seu arco-íris será o vermelho.

Agora comecem com o amarelo e terminem com o laranja. Continuem mudando a ordem na composição, deslocando a cada vez a cor do início.

VARIAÇÃO 2

Continuem a mover o arco-íris para frente, como foi feito na variação anterior, mas agora retornem constantemente à cor inicial.

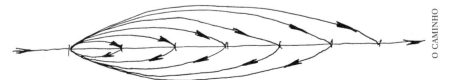

Agora o oposto: sigam diretamente da primeira para a última cor e, então, retornem a uma que já haviam visto. Por exemplo, se a primeira cor for o vermelho, sigam depois para o violeta, depois para o laranja e novamente para o violeta, depois voltem para o verde e novamente para o violeta. É claro que todas as conexões das diferentes cores levam diretamente ao mesmo ponto.

VARIAÇÃO 3

Vocês sabem, graças à física, que as sete cores básicas do arco-íris são resultado da decomposição da cor BRANCA. Nessa variação, a cor branca será a imagem sintetizadora de todo o arco-íris.

A ideia para o que vocês vão fazer agora é a cor BRANCA.

O início, o fim e a causa é a cor BRANCA.

Seu objetivo é a cor BRANCA.

Seu caminho é: vermelho, laranja, amarelo, verde, azul-claro, azul-marinho, violeta – que são a mesma cor BRANCA.

A primeira cor a aparecer em sua imaginação é o vermelho, mas depois dele deve vir o BRANCO. Em seguida, encontrem-se com o laranja, o amarelo, o verde, mas entendam, tenham consciência, percebam que tudo ainda é a mesma cor, a BRANCA. Em outras palavras, ao falar de vermelho, vocês estão falando de BRANCO; ao falar de verde, novamente estão falando de BRANCO, e assim por diante. Por mais que mudem as cores, sempre estará presente a cor BRANCA, que cobre toda a composição de cores, todo o arco-íris.

Apontamentos

Na composição, tudo é importante: o peso do objeto e do ator, as palavras, as frases, as cenas; seu peso visual, semântico, emocional. Sua posição no espetáculo, na cena e no monólogo. O que é importante vai ao final? No início? No meio? Espalhado em partes? A forma como se alternam o texto e as pausas, o movimento e a calma, o cômico e o trágico, a luz, a cor, os sons – tudo é importante. Esses são os parâmetros que o ator e o diretor utilizam na composição da peça e da personagem. A composição é uma determinada forma plástica de expressão, em harmonia com a alma do artista contemporâneo e as demandas de sua época. Vocês não usariam um casaco com um corte ultrapassado. Vocês procuram novas composições, novos desenhos na linha da roupa. A composição de uma peça também deve se ajustar ao fluxo da vida contemporânea.

Exercício

A Composição de Imagens

Recomendo outro exercício que utiliza múltiplas associações para que vocês possam encontrar o seu caminho até a concepção individual e metafórica do tema escolhido.

Vocês podem fazer este exercício sozinhos, mas é muito melhor na companhia de colegas. Escolham o tema a investigar do monólogo, da cena ou da personagem. Coloquem um nome. Por exemplo, felicidade.

Um ator começa o exercício com a frase: "Para mim, felicidade é..." Digamos que a primeira associação é, por exemplo, teatro. Esse é o primeiro passo. Em seguida, após uma breve pausa, outro ator repete a frase inteira e adiciona sua associação. Assim: "Para mim, felicidade é teatro e amor." Esse é o segundo passo. Novamente, uma breve pausa, e o próximo ator diz: "Para mim, felicidade é teatro, amor e entendimento." Então, o próximo acrescenta algo, e assim por diante, até criar uma longa cadeia de associações sobre o tema. Não é permitido repetir as associações dos outros, mesmo se vocês concordam com elas ou queiram utilizá-las.

O exercício evolui dessa forma, e rapidamente as primeiras associações, que geralmente são apenas clichés superficiais, tornam-se personalizadas, diferenciadas e originais. Nesse momento, o exercício começa a adquirir um significado artístico. Tenham em mente que esse exercício não deve se transformar em um "jogo de memória". Apenas uma sequência de associações sobre um determinado tema não é suficiente. A soma de todas as associações deve criar na imaginação do ator uma rede associativa. E, graças a essa rede, surgirão novas e inesperadas comparações, paradoxos e metáforas. É o início da mentalidade metafórica. Esse exercício prepara os atores para a polifonia do tema a ser explorado.

A segunda etapa do exercício é realizada da seguinte forma: após acumular pelo menos umas 25 ou 30 associações, cada nova associação deve ser acompanhada por um gesto do ator, que reflete seu conteúdo, isto é, a palavra e o movimento físico que a apoiam. O próximo ator, ao repetir a cadeia de palavras que se formou, deve repetir apenas o gesto que acompanhou a nova palavra, não a palavra em si. Em seguida, ele fala sua própria associação e também a acompanha com um gesto. O exercício continua até que todos os atores tenham feito isso uma vez. O resultado será uma cadeia de palavras e gestos. Assim, haverá não menos de 35 a 45 ligações.

Na próxima etapa do exercício, cada ator deve destruir a sequência que foi estabelecida e criar sua própria composição de associações de palavras e gestos. Vocês podem misturar palavras e gestos como desejarem. Podem descartar associações malsucedidas ou inadequadas. Agora, o ator é o autor de sua composição. Ele constrói seu início, seu desenvolvimento e seu clímax dramático.

O professor pode limitar a quatro partes a composição que está criando. Então, o ator terá que distribuir todas as associações em uma composição de quatro partes. Pode-se colocar um nome em cada uma delas; adicionar música; intercalar em cada parte uma frase do texto da personagem. Há muitas variações, mas o importante é desenvolver o exercício em estreito contato com o material específico com o qual se está trabalhando.

Apontamentos

Costumo realizar com meus alunos peças de treinamento sobre um determinado tema; por exemplo, um tema antigo dos clássicos mundiais (Don Juan, Fausto) ou variações de um tema apresentado por determinado autor em suas diferentes obras. Os alunos encontram e preparam cenas, diálogos e monólogos durante o semestre e, com esse material, eu monto a composição do espetáculo, não a partir de um texto escrito, mas por episódios isolados, fragmentos e esboços. Há cenas, monólogos e diálogos ou simplesmente interlúdios interessantes, músicas etc. Eles não estão ligados em uma única história. Mas é claro que, ao construir a composição, eu penso de que forma as partes irão conter o todo; penso em sua dinâmica, estabilidade e mobilidade; e em sua beleza. Mas, antes de tudo, quero ouvir o que essa composição me dirá com uma determinada construção de cenas, e o que mais vai me dizer com outra construção de cenas. Altero a ordem das cenas e surge outra história, com outro significado. Sinto um enorme prazer ao formar composições não só de diferentes formas e partes como também de materiais diversos. Esse é um campo fértil para a "vanguarda": conciliar o inconciliável. Surge uma composição construída sob um código metafórico desconhecido para você, mas a chave de leitura se encontra na própria composição. Eu sempre notei que a composição se organiza sozinha, então o importante é não colocar obstáculos. Ela mesma expressa seu conteúdo. Você só precisa ajudá-la. Para isso, é preciso aprender a ver e a ouvir a composição. É por isso que, privando-se desse prazer, muitas vezes dou aos atores e diretores essa tarefa de composição do treinamento. Antes de tudo, eu lhes digo: não encerrem a composição em um esquema rígido com um único significado, uma só ação, um sentimento, enfim, em uma "caixa".

Ela deve ser livre. Claro, existem padrões para as composições, mas um verdadeiro artista sempre se esforça para romper suas correntes e criar suas próprias composições. É importante que, com o tempo, as composições não se convertam em cânones; não se transformem em suas próprias correntes. As composições que respondem às buscas criativas e individuais do artista são as únicas exclusivamente verdadeiras. O essencial é aprender a raciocinar de forma composicional, assim as composições se construirão por si mesmas.

Exercício

Perpetuum Mobile

As composições de estrutura complexa podem ser realizadas ao longo de uma aula. A seguir, mostro um dos exemplos básicos de desenvolvimento de um pequeno exercício em uma composição grande.

1. Ao primeiro sinal do professor, todo o grupo de atores começa a caminhar pela sala; ao sinal seguinte, eles param.

2. Realizem a mesma tarefa sem os sinais do professor.

3. Agora, ao sinal do professor, apenas um ator do grupo começa a caminhar. Quem? O grupo decide em comum acordo. Ao próximo sinal do professor, outro ator se junta ao primeiro, e assim por diante, até que todos, exceto o último participante, estejam caminhando pela sala. Agora, por favor, prestem atenção! Logo após o último ator começar a caminhar, um dos atores que já está em movimento deverá parar. Depois de um tempo (é preferível deixar um intervalo de 5 a 10 segundos entre os sinais para que os

atores tenham tempo de decidir quem será o próximo), o professor dará outro sinal e outro ator se deterá; em seguida, um terceiro, e assim por diante. Quando o último parar, será o final de um ciclo, mas não o fim do exercício, porque mais uma vez alguém deverá começar a se mover e, depois de uma breve pausa, um segundo, um terceiro etc. Em suma, um *perpetuum mobile*.

4. Os atores devem realizar a mesma tarefa sem os sinais do professor.

5. A tarefa assume uma forma ligeiramente diferente. O início do movimento de cada ator ou o seu fim é um evento que incide na mudança de direção do movimento de todos os atores. Por exemplo, o primeiro ator se move para frente, mas logo que o segundo ator começa a se mover, andando de costas, o primeiro deve mudar a direção de seu movimento. Agora os dois caminham de costas. O terceiro deve caminhar para frente e, logo após iniciar o seu movimento, todos os que estão caminhando mudam a direção e caminham para frente. E isso continua até que a qualidade da execução atinja um nível elevado de atenção, precisão e coordenação no trabalho conjunto.

6. Vamos deixar o exercício mais difícil, acrescentando novas condições: agora, cada evento e cada mudança correspondem a uma velocidade específica. Tomemos, por exemplo, a composição de velocidades 10-4-7-2. (Vocês devem estabelecer previamente a escala de velocidades de 0 a 10. Isso será visto

com mais detalhes no próximo exercício, "A Maratona", e no exercício "A Composição de Velocidades", no capítulo 9.) Cada mudança exige que os atores alterem não só a direção como também a velocidade de seu movimento de acordo com a composição proposta. Se o grupo de atores que realiza esse exercício é maior do que o número de velocidades propostas, então a composição pode se repetir durante o exercício: 10-4-7-2-10-4-7-2-10 etc.

7. Para distrair os atores, espalhem pelo chão várias bolas de tênis ou coloquem algumas velas pequenas. Durante a realização do exercício, os atores não devem tocá-las. Adicionem música. Pensem em novas formas de deixar o exercício mais difícil, tornando-o mais elegante, mais bonito, tudo o que for necessário para motivar os atores artisticamente. Esse exercício certamente levará a resultados impressionantes.

8. Cada ator deverá pegar uma bola do chão e, para complicar o exercício, jogá-la para outro ator. As bolas não podem cair no chão. É proibido segurar uma bola por mais de 5 segundos.

9. Uma nova tarefa na composição. Durante um ciclo, cada ator deve escolher quatro parceiros. No final do exercício e ao mesmo tempo (ao sinal do professor ou de comum acordo), deve-se trocar as bolas com os parceiros. Naturalmente, os lançamentos devem ser precisos.

10. Diversifiquem a combinação de sinais e de seus significados. Por exemplo, se são dados três aplausos no final, significa que é preciso trocar as bolas com o parceiro número 4; quatro aplausos, com o número 1; dois aplausos, com o número 3; um aplauso, com o número 2.

11. Adicionem a seguinte condição: a troca de bolas com cada parceiro deve ocorrer de maneiras diferentes. Por exemplo, o primeiro ator deve simplesmente jogar a bola; o segundo deve rolá-la no chão; o terceiro deve enviá-la quicando no chão; o quarto deve se aproximar e entregar a bola nas mãos do parceiro.

Vocês podem continuar a desenvolver e a complicar infinitamente a composição desse exercício, adicionando novas condições e detalhes. É muito proveitoso incluir em tais composições os textos dos monólogos ou diálogos.

Apontamentos

Sempre tenho curiosidade em observar como os bons cineastas constroem suas composições. A composição no cinema representa 70% do êxito. Podem argumentar que a montagem no cinema é um assunto técnico e que é mais fácil cortar e colar pedaços de rolo de filme do que unir partes de um monólogo ou cenas de uma peça teatral. Mas não concordo com isso. Nunca encontrei nada no cinema, na pintura ou na arquitetura que não pudesse ser realizado no teatro. Eu diria até mesmo que certas técnicas de edição em cinema são muito mais interessantes no teatro do que no próprio cinema. Unir um pedaço de filme a outro não é nada em comparação à união, em uma composição editada, de uma ação viva e de um ator vivo, com seus sentimentos e emoções. Da mesma forma que as partes de um filme ou de uma trilha sonora podem ser unidas, também podemos unir sentimentos, palavras, movimentos e imagens. Isso parece muito mais interessante no teatro do que na tela. Ainda que, por exemplo, vocês precisem pronunciar uma única frase ou colocar um único ator no enquadramento de um filme (chamaremos isso de "pontos focais"), surge o problema de quando, onde e como fazê-lo. O mesmo ocorre no teatro. O efeito muda, dependendo da posição ou do deslocamento dos "pontos focais" durante a cena e durante o espetáculo. Devemos estudar os métodos de composição dos trabalhos de pintores, arquitetos, músicos e dançarinos.

Exercício

A Maratona

Este exercício requer a realização de algumas tarefas preparatórias, a maioria das quais foram apresentadas nos capítulos anteriores deste livro.

1. Caminhando livremente pela sala, os atores jogam bolas de tênis uns aos outros. Quando aumentam a velocidade e quase correm, conseguem uma boa concentração ao lançar a bola e aprendem a estabelecer, em frações de segundo, conexões entre eles.

2. A escala de velocidades é estabelecida de 0 a 10, e os atores são convidados a fazer uma composição de quatro partes em velocidades diferentes, por exemplo, 8-2-10-3. Eles devem aprender a começar juntos, realizando as

transições de uma parte a outra, bem como terminar o exercício ao mesmo tempo.

3. A primeira tarefa é mesclada à segunda: na composição de velocidades, os atores jogam as bolas uns aos outros.

4. Ao caminhar livremente pela sala, cada ator deve tentar estabelecer contato com um de seus colegas, sem palavras ou sinais; em seguida, ao sinal do professor (mas seria melhor sem sinal), deve correr em direção ao parceiro.

5. As tarefas anteriores são reunidas em um único exercício: na composição de velocidades e no lançamento livre de bolas, os atores devem estabelecer contato com um de seus parceiros e, em seguida, ao sinal do professor, trocar as bolas com o parceiro escolhido.

6. Movendo-se entre as cadeiras ao redor da sala (cuja quantidade deve ser equivalente ao número de participantes), cada ator deve escolher a "sua cadeira" e, no final do exercício, quando terminar a distribuição secreta, deve ocupá-la sem erro. É essencial que todo o grupo chegue ao clímax dramático do exercício ao mesmo tempo e de comum acordo.

7. Sentados nas cadeiras, vocês devem escolher um parceiro e, sem usar palavras, definir com ele quem interpretará o papel de "convidado" e quem interpretará o "anfitrião". Cada "convidado", ao mesmo tempo que os demais, e ao sinal do professor ou de comum acordo com o grupo, deve correr para a cadeira de seu "anfitrião" e sentar em seu colo.

Após fazer os exercícios preparatórios, vocês estão prontos para começar a "maratona". A seguir, alguns exemplos possíveis de composição:

- Enquanto jogam as bolas uns aos outros, devem realizar a composição de velocidades 8-2-10-3 e, ao mesmo tempo, escolher um parceiro. Ele será o número 1. Vocês só precisam escolher o seu parceiro, chegar a um acordo com os demais e lembrar-se desse acordo.
- Pausa. Na pausa, definam o parceiro número 2 e cheguem a um acordo. A escolha desse parceiro também é a preparação para uma etapa futura.
- A próxima composição é: 2-10-3-8. Durante essa composição, cada ator escolhe "sua cadeira", mas não deve sentar-se, apenas selecioná-la.
- Pausa.
- A próxima composição de velocidades é: 3-10-2-8. Os atores devem escolher um novo parceiro, o número 3, e, ao final do exercício, cada um realiza o intercâmbio de bolas com o parceiro número 2 ao mesmo tempo que os demais e de comum acordo.
- Nova composição de velocidades: 2-3-8-10. No final, todo mundo deve sentar-se simultaneamente em "sua cadeira".
- Durante a pausa, com todos os atores sentados, deve-se memorizar em que cadeira está o parceiro número 2 e, sem falar, definir com o parceiro número 1 quem vai

desempenhar o papel de "convidado" e quem será o "anfitrião" no próximo exercício.

- A próxima composição de velocidades é livre, isto é, há quatro velocidades, mas são os atores quem as determina. Durante essa composição de velocidades, eles devem jogar as bolas uns aos outros. Se o envio não é preciso e a bola cai no chão, todo o exercício deve ser iniciado novamente. No final, de comum acordo e simultaneamente, cada ator deve sentar-se na cadeira do seu parceiro número 2, e todos ao mesmo tempo devem trocar de lugar com o parceiro número 3 e, por último, realizar a visita planejada ao parceiro número 1.
O exercício não deve ser realizado mais de duas vezes. Por isso não faz sentido realizar a composição até que cada participante possa imaginá-la como um todo. O professor deve repetir a tarefa uma única vez, e o restante da preparação fica a cargo dos atores. Para uma preparação e realização bem-sucedidas desse exercício, pode-se despender uma hora ou mais.

É preferível incluir o exercício "A Maratona" no plano de treinamento diário e organizar a aula de modo que, primeiramente, se realize uma série de exercícios variados. Ao final, eles serão agrupados em uma longa composição que resumirá tudo o que foi realizado. Não repitam as composições; criem novas. Há apenas uma boa razão para a repetição: quando se trata de uma composição complexa e longa que tem uma relação específica com o papel que se está ensaiando ou com o espetáculo. A maratona é uma corrida de 42 quilômetros e 195 metros. Uma boa composição de uma personagem é um caminho igualmente longo e divertido.

Não, não, eu não morri no caminho!
Não há mais abrigos noturnos na estrada
Sob o tedioso céu de outono.

6
Capítulo seis

As
Leis

Apontamentos

Uma composição não pode ser construída em desordem, mas de acordo com leis específicas. Primeiro, seguindo as leis do artista. E quais são suas leis? A relação e a inter-relação de partes isoladas, eventos, signos etc. O ator deve entender a lei de sua personagem, o que significa fazer uma análise séria e estabelecer as relações adequadas entre as ações, os eventos, as imagens, as palavras etc.

Para mim, a lei é somente o alicerce para os descobrimentos, não é um código penal nem um dogma que devemos seguir sempre. O conhecimento da lei me ajuda a imaginar tanto o presente como o futuro. Eu tento trabalhar com a obra teatral ou com a personagem tal como um astrônomo que prevê quando e onde nascerá uma nova estrela. Isso é fascinante. Se descobrirmos a lei que rege a criação da obra, poderemos prever uma cena ou uma réplica ou mesmo uma palavra que aparecerá dez páginas depois. Observem uma peça bem escrita e descobrirão que isso é verdade.

Exercício

Cinco Pontos

Coloquem uma cadeira no meio da sala. Um dos atores senta nessa cadeira, "congela" em

alguma *mise-en-scène*[9] específica e tenta memorizá-la. Ele terá que repeti-la no clímax dramático.

Os demais atores, de preferência entre seis e oito, sentam-se ao lado e fecham os olhos. O diretor-professor chama um dos atores do grupo. Este abre os olhos, estuda a *mise-en--scène* do ator que está sentado na cadeira e tenta memorizá-la. Após 10 ou 15 segundos, ao sinal do diretor-professor, o primeiro ator se levanta e retorna ao grupo, e o segundo ocupa o seu lugar para tentar repetir exatamente a *mise-en-scène* inicial.

O próximo ator é convidado e tudo se repete na mesma sequência. Em seguida, passa outro ator, e assim por diante, até que o último participante "congele" na *mise-en-scène* final. O objetivo é fazer com que a *mise-en-scène* final, após a troca dos atores, seja a mesma apresentada no início.

No final, todo o grupo é convidado a comparar a *mise-en-scène* inicial com a que resultou do exercício. Como rememoração, o primeiro ator repete a posição inicial.

Qual é o principal objetivo do exercício? A definição da lei de uma ou outra *mise-en--scène*. Analisem os sentimentos dos atores no momento da rememoração e também no momento de reproduzir a *mise-en-scène*. Parece que eles entendem, mas não conseguem repetir com exatidão. Como alcançar

---

9 No teatro russo, o termo *mise-en-scène* se aplica, no que se refere ao ator, seja a "encenar" um fragmento de cena (uma postura, por exemplo), seja a uma cena completa. (N. da T.)

resultados satisfatórios? Por onde começamos? Antes de tudo, precisamos entender como essa composição foi feita, isto é, compreender a sua lei. São necessários apenas cinco pontos para lembrar a posição, a saber:

- o pé esquerdo;
- o pé direito;
- a palma da mão esquerda;
- a palma da mão direita;
- a posição da cabeça, o olhar.

Isso não leva muito tempo, menos de 10 ou 15 segundos.

Quando é preciso reproduzir uma *mise-en-scène*, esses pontos são necessários. Eles definem a lei de criação de uma obra, a lei necessária para que se construa uma composição. Agora pensem: onde estão esses pontos em seu monólogo e em sua personagem?

Além disso... os atores muitas vezes só se lembram da superfície externa do "objeto", mas é óbvio que isso não é suficiente. A lei é primeiramente um conceito interno e depois externo. É impossível trabalhar profissionalmente com qualquer objeto sem entender como ele é feito. Você o segura e ele des mo ro n a.

Apontamentos

O grau máximo da arte consiste em criar a lei não "antes", mas "durante" o momento da atuação. Apenas os verdadeiros profissionais, os que estão sempre preparados, podem fazer isso, justamente porque são profissionais. Eles têm suas próprias leis, sabem "ler" e respeitar as leis dos outros e podem criar novas leis junto com os demais. Os melhores intérpretes de jazz, ao se encontrarem pela primeira vez durante uma apresentação, criam leis específicas para qualquer composição.

No entanto, essas leis se baseiam em princípios comuns:

- *Ouçamos com atenção uns aos outros.*
- *Estamos compondo a melhor obra.*
- *Não cometemos erros.*
- *Se fazemos um solo, nós o levamos até o final, mas nunca esqueçamos que um bom solo é aquele que termina no tempo.*
- *Não insistamos no "nosso", escutemos "o outro".*
- *Quando o assunto estiver esgotado, é hora de terminar.*
- *Não nos apressemos, o futuro é nosso.*

Acho que isso também se aplica ao teatro. Lembrem-se da regra: a precisão na interpretação da lei aprovada é uma ressonância precisa do tema; a imprecisão implica um desenvolvimento vivo do tema. Agora decidam o que é mais importante para vocês nesse momento em uma personagem.

O treinamento é uma coisa viva. Ele vive e muda como nós e tudo ao nosso redor. Por isso, ao nos prepararmos para o treinamento, devemos considerar, ao mesmo tempo, que toda a preparação pode ser inútil se surgir uma situação nova durante a aula. Os atores e os estudantes percebem imediatamente se o professor está trabalhando a partir de uma situação viva, criada no momento, ou se se trata de uma preparação prévia; se ele ouve durante o treinamento; se para ele isso é uma atividade criativa ou apenas um trabalho. A uma atividade criativa, eles responderão com criatividade; caso contrário, será apenas um trabalho para eles também.

Para o treinamento ser produtivo, é importante a qualidade do que o professor preparou para a aula e como ele a realizará. Também é relevante o que os alunos estão aprendendo a partir da metodologia proposta. Mas o mais importante é o que tem resultado por si só. Isso deve ser analisado detalhadamente. É necessário que o professor faça isso, e se fizer junto com os atores, será ainda melhor.

Exercício
A Transformação da Lei

Até aqui falamos da necessidade de distinguir as leis segundo as quais o autor construiu sua obra teatral e suas personagens. Agora, vamos nos focar nas leis que regem a vida cênica e que são constantemente submetidas a alterações, determinadas pela presença do ator no palco. Para o ator, que constrói as leis de sua vida cênica, é primordial compreender as leis que estão sendo usadas e desenvolvidas por seu parceiro; só então se cria a possibilidade de organizar um campo para as ações conjuntas.

Então, esse é um exercício para dois atores. Coloquem-se um de frente para o outro. Um de vocês é o "líder". Sem pressa, com um ritmo único, o líder mudará a postura corporal de acordo com uma determinada lei, ao longo de 2 ou 3 minutos. Cada postura deve ser congelada em uma pausa curta.

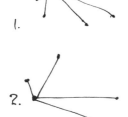

1.

2.

O segundo ator observa e tenta "ler" a lei que guia as mudanças dessas posturas. Assim que o líder terminar a demonstração, o segundo ator deverá não somente repeti-las na mesma ordem como também dizer as leis segundo as quais essas mudanças são realizadas.

Em seguida, os participantes trocam os papéis.

VARIAÇÃO

Um ator muda a posição do corpo de acordo com uma determinada lei. Quando o segundo ator visualiza essa lei, ele pode entrar no jogo e então ambos se revezam para mudar as

posições, de acordo com a lei em comum.
O mais importante é seguir a lei e não apenas
repetir as mesmas posturas. As variações dos
atores são bem-vindas. O exercício pode durar
1 ou 2 minutos, após os quais os atores, de
comum acordo, mas sem falar, devem trocar
sua lei por outra nova. Depois de algum tempo,
haverá novamente uma mudança, e assim
sucessivamente. Nessa variação do exercício, os
parceiros devem passar por três etapas:

- compreender a lei;
- coexistir conjuntamente conforme essa lei;
- entrar em acordo para trocar essa lei por uma
  nova.

Exercício

Eleger a Lei

Cada país tem suas leis oficiais, mas há outras leis não escritas, segundo as quais as pessoas chegam a acordos em favor da convivência coletiva. Essas leis são as que determinam nossa vida diária e as que, em grande medida, formam a personalidade de cada um de nós. Da mesma maneira, tanto a obra teatral como o *personnage* têm suas próprias constituições "não promulgadas", suas leis ocultas que organizam sua vida.

Comecem com uma tarefa simples:
caminhem pela sala observando uns aos
outros. Ao sinal do professor, formem uma fila
de acordo com as seguintes leis:

- estatura;
- cor dos cabelos (dos claros para os escuros);

- cor da roupa etc.

Essas leis são simples e não vai ser difícil estabelecer uma ordem com base nelas. Tampouco são interessantes, já que são muito óbvias.

Tentem formar uma fila com base nas seguintes leis:

- cor dos olhos;
- comprimento do nariz;
- tamanho dos sapatos;
- tamanho das orelhas etc.

Essas leis são um pouco mais interessantes, não? Quanto mais rudimentares são as leis, mais fácil é executá-las. Mas quanto mais complexas elas são, mais interessante a vida se torna.

VARIAÇÃO 1

Organizem sua própria lei. Cheguem a um acordo entre vocês, mas antes disso peçam a um ator que deixe a sala para que ele não saiba nada a respeito. Quando todos formarem a fila de acordo com a lei, o ator deve retornar e tentar adivinhá-la em 1 minuto. Quando ele conseguir, pode ocupar sua posição na fila, com base na lei criada.

VARIAÇÃO 2

Posicionem-se em torno da sala conforme a lei.

VARIAÇÃO 3

Inventem uma lei de deslocamento pela sala para todos os atores.

VARIAÇÃO 4

Todo o grupo se organizará em uma fila ou se distribuirá pela sala, sem acordo prévio, mas conforme uma lei única. Em outras palavras, percebam o que estão construindo.

Apresentem propostas, mas também considerem os desejos dos demais. Se queriam conseguir algo, mas o resultado foi outro, não o rechacem. Não conseguem entender o que está acontecendo? Não discutam nem se assustem: a lei está sendo formada e explicará por si só o que está se passando. Deixem que essa lei guie a organização. Confiem nela e ela dará um lugar a cada um.

O famoso escritor japonês Yasunari Kawabata, em seu discurso de recepção do prêmio Nobel, aconselhava os jovens poetas: "Quando estiverem escrevendo poemas, não pensem que estão escrevendo. Apenas confiem."

Exercício

O Jogo Com as Bolas

Um grupo de oito ou mais atores forma um grande círculo, e todos ficam de frente para o centro. Peguem algumas bolas de tênis cujo número represente a metade dos participantes e lancem uns aos outros de acordo com as seguintes regras:

- o ator não pode segurar a bola, ele deve jogá-la imediatamente para um de seus parceiros;
- não se pode ficar com mais de uma bola ao mesmo tempo;
- as bolas não devem cair no chão.

Embora haja apenas uma bola para cada dois participantes, vocês precisam ficar muito atentos. Se conseguirem jogar durante 1 minuto sem quebrar as regras, adicionem mais uma bola. Isso dificulta o jogo. Continuem até que a quantidade de bolas seja igual ao número de participantes.

Eu lhes asseguro que levará tempo até que o grupo estabeleça uma lei para lançar as bolas. Enquanto elas forem jogadas sem qualquer padrão definido, será muito difícil pegá-las e elas cairão no chão. Mas se cada bola for lançada conforme a trajetória e o tempo acordados pelos atores, a tarefa será significativamente mais simples.

Estabeleçam, de comum acordo, uma lei para passar as bolas. Por exemplo, se o círculo tem dez atores: A, B, C, D, E, F, G, H, I, J, então deixe a primeira bola seguir este caminho: A-B-C-J-A-B-C-J-A.

A segunda bola: D-G-A-F-D-G-A-F-D.

A terceira bola: E-J-H-B-E-J-H-B-E etc.

A lei para lançar as outras bolas pode ser configurada dessa mesma forma.

VARIAÇÃO 1

Todos os atores lançam, entre eles, as bolas de tênis. Não existem leis. Cada pessoa pode decidir para quem quer jogar a bola e quem quer deixar de fora. O importante é perceber quem se comunica com quem. Assim vocês criam seu próprio círculo. Pouco a pouco surgem duas equipes dentro do grupo. Elas ficam juntas até certo momento; logo, de comum acordo, se separam. Após separar-se, cada equipe deve definir a sua lei interna para lançar as bolas.

VARIAÇÃO 2

Após estabelecer uma lei, sem avisar, ataquem a equipe vizinha. Em outras palavras, irrompam em sua zona, mas mantenham a sua própria lei. Naturalmente, isso criará uma confusão na ordem dos outros.

É difícil conviver com leis diferentes, mas é interessante e pode ser produtivo. No início, é importante que ambas as equipes não se percam e mantenham cada uma a sua própria lei. Após 1 minuto ou 2, cheguem a um acordo e dividam-se segundo novas ordens, como fizeram na variação anterior. Isto é, criem uma nova lei.

Exercício

A Mudança da Lei

O ponto de partida e as regras básicas são as mesmas do exercício anterior. Eis a tarefa: sem estabelecer previamente a lei de lançamento das bolas, criem uma durante o desenvolvimento do exercício, em silêncio e de comum acordo.

VARIAÇÃO 1

Antes de começar, estabeleçam várias leis de lançamento das bolas, bem como a regra para alternar essas leis. Por exemplo, são estabelecidas duas leis com base em:

1. Estatura: o ator mais alto só passará a bola para os mais baixos e nunca o contrário. O ator mais baixo tem o direito de jogar a bola apenas para o mais alto.
2. Nomes, isto é, uma organização baseada em ordem alfabética. A regra de lançamento é a mesma da lei anterior: quem tem um nome que começa com a primeira letra do alfabeto passará a bola ao participante que tem um

nome que começa com a letra seguinte, e assim sucessivamente; o ator cujo nome começa com a última letra poderá lançar a bola somente para aquele que iniciou o ciclo. A transição de uma lei para a outra ocorre quando o ator mais baixo ou o ator cujo nome começa com a última letra do alfabeto quebra a regra e joga a bola para a pessoa errada. Então a lei estabelecida é anulada e uma nova lei entra em vigor.

VARIAÇÃO 2
Realizem a tarefa da seguinte forma: durante o exercício, estabeleçam três ou quatro leis e uma regra para alternar as leis.

A mudança da lei durante o próprio jogo é uma poderosa ferramenta de atuação. No entanto, por melhores que sejam as leis, elas precisam ser alteradas frequentemente; caso contrário, perde-se o frescor da sensação lúdica e você se torna previsível. Por exemplo, seu primeiro "passo" é assim:

e o segundo   e o terceiro

e o resultado é...

É isso aí! Suas ações são previsíveis e, portanto, não são interessantes. O espectador já não espera nada de você ou apenas quer que o espetáculo acabe. O jogo cessa. Termina a sensação lúdica.

Quanto mais complexa for a vida do espetáculo e de seu *personnage*, mais atraente será para a sua sensação interpretativa. Não se pode deixar essa sensação existir tranquilamente; deve-se sempre deixar de prever o seu comportamento no palco; ser pego de surpresa devido às alterações propostas. Em suma, a situação deve depender de vocês e não vocês da situação. Assim, a sensação interpretativa viverá com vocês por um longo período e não os abandonará.

O movimento de uma personagem poderia ser assim, se o desenhássemos:

Quanto mais complexo e mutável é o caminho, mais energia ele exigirá. A energia chega somente quando é necessário. O motorista adormece se o caminho é plano e reto. Se falarmos do espectador, o movimento complexo da personagem manterá seu interesse por um longo tempo. O espectador passará de observador a um companheiro ativo de viagem. Após percorrer um caminho difícil com o ator, ele também chegará por si só ao objeto semântico, cuja importância crescerá incomensuravelmente como resultado de um caminho sinuoso. Quanto mais tortuoso é o labirinto, mais intensa é a catarse ao escapar dele.

A obra *Esta Noite Improvisa-se*, de Luigi Pirandello, pode servir de exemplo ideal de labirinto, no qual as leis da composição, da linguagem e do estilo mudam constantemente. Cada ato, cada cena e cada episódio são como uma nova peça do autor. Ou mesmo um novo teatro. Os *personnages* preparam uma armadilha para os espectadores, mas eles mesmos caem nela, porque toda a peça é uma armadilha de Luigi Pirandello, que, por sua vez, caiu em uma armadilha ainda maior: o próprio teatro.

Apontamentos

O conhecimento das leis concede liberdade ao artista e tarefa ao artesão. A estabilidade da lei proporciona segurança. Mas uma lei imutável é a lei dos mortos. Justamente os desvios da ordem estabelecida salvam a personagem de uma existência insípida. Pode-se dizer, inclusive, que os desvios permitem uma maior vitalidade da vida da personagem. Em outras palavras: as transgressões são a base das mudanças da personagem, são a fonte de inspiração e de fantasia. O desvio da lei é a possibilidade de descobrir algo novo. Graças unicamente às transgressões, a lei vive e evolui. Gaudí estudou, primeiramente, as leis da arquitetura e só depois as violou de maneira brilhante. Picasso dominou a escola acadêmica do desenho antes de se tornar Picasso. As pessoas dirão que o desejo de violar a lei é próprio dos criminosos. Eu digo que esse desejo também domina os artistas. Esse sentimento é criador. É o sentimento do artista.

Exercício

A Fuga de Bach

O movimento de uma personagem e a atuação do ator devem caminhar sempre para frente, nunca deter-se. Não se deve interpretar o que acontece neste segundo, mas o que acontecerá no seguinte. Quando está em cena e interpreta sua personagem, o ator não tem a obrigação de seguir suas leis. Ou seja, em uma cena do presente, o ator deve tentar viver segundo as leis de uma cena futura.

Quatro atores participam desta tarefa. Coloquem quatro cadeiras em fila a uma distância de 1,5 metros umas das outras.
O primeiro ator se aproxima da cadeira 1 e desenvolve quatro *mises-en-scène* diferentes em torno dela.

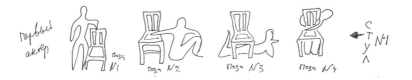

Por exemplo:

a) apoia-se com os cotovelos no respaldo da cadeira;

b) coloca um pé no assento;

c) senta-se;

d) ajoelha-se nela.

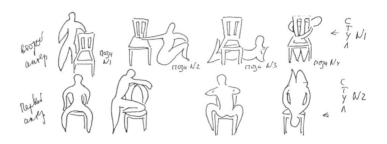

Após realizar as *mises-en-scène*, o ator vai até a cadeira 2 e cria quatro novas posições. E, enquanto trabalha com a cadeira 2, o próximo ator repete as posições feitas na cadeira 1.

Na próxima etapa, o primeiro ator trabalha com a cadeira 3; o segundo, com a cadeira 2; o terceiro, com a cadeira 1. O primeiro ator cria uma nova composição com a cadeira 3, enquanto o segundo repete o que o primeiro havia feito com a cadeira 2. O terceiro ator se aproxima da cadeira 1 e repete a composição do segundo ator.

Todos mudam as *mises-en-scène* nas cadeiras ao mesmo tempo.

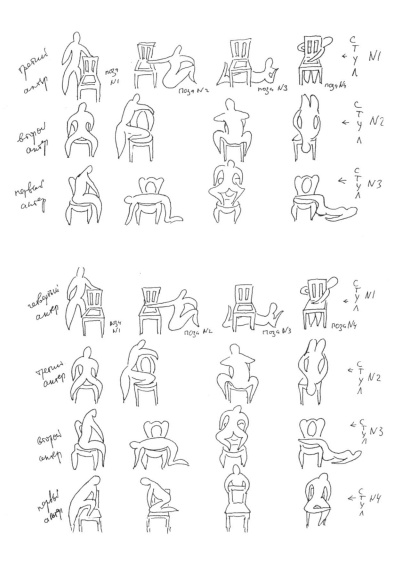

Na última parte do exercício, o quarto ator trabalha com a cadeira 1; o terceiro, com a cadeira 2; o segundo, com a cadeira 3; e o primeiro, com a cadeira 4.

Não é difícil reconhecer que nesta tarefa se usa a lei de fuga da repetição.

VARIAÇÃO 1

Tentem realizar este exercício com três cadeiras para os quatro atores e depois com duas.

VARIAÇÃO 2

Mais uma proposição: pode-se realizar as mudanças de ações e as transferências de uma cadeira para outra a partir dos aplausos do professor. Depois, em vez de aplausos, tentem usar música. Comecem com estruturas rítmicas simples e, em seguida, continuem o exercício utilizando obras musicais em que há mudança de ritmo e tempo.

CapítuloSete

7

Eu

O mais difícil de treinar é o nosso "eu". É complicado treinar algo que é pouco conhecido e imperceptível. E, além disso, cada um o compreende à sua maneira. "Quem sou eu?", pergunta Hamlet; se vocês não forem capazes de responder isso, será difícil ser ator, interagir com os companheiros, com o público ou mesmo com a sua *personnage*. Eu gosto do mito ocidental que assegura que o *personnage* está vivo. Mas esse mito não é aceito em todos os teatros. Por exemplo, a tradição da escola russa de teatro trabalha com o *personnage* como uma criação do ator. O ator parte de seu próprio eu e cria o *personnage*. No Ocidente, é diferente: o ator toma o *personnage* como ponto de partida e caminha em direção a seu próprio eu. Porém, não tenho certeza se todos sabem claramente onde está o eu e onde está o *personnage*. Na prática teatral diária, podemos trabalhar com as categorias: *eu ator, eu artista, meu papel, a máscara, a personagem, a persona* e o *personnage*. Mas, por acaso, sabemos exatamente do que estamos falando e o que entendemos? Por exemplo, o papel: pode ser entendido simplesmente como *rôle*, em francês; *rotulus*, em latim; um rolo de papel para os atores com as anotações das réplicas; ou pode ser uma imagem artística criada pelo dramaturgo e encarnada pelo ator. Um papel pode ser entendido como as notas para o músico, como um caminho de palavras, emoções e ações. Pode-se dizer que é uma série de sinais que registram uma ideia concreta em formas artísticas, que é o movimento e o desenvolvimento de uma determinada energia. *Phersu*, em etrusco, é "a figura de uma pessoa com máscara"; *persona*, em latim, significa "máscara", "rosto" e "personalidade". Daí surge muita confusão. Devido a interpretações diferentes, identifico um dos problemas do treinamento de diversas escolas de teatro e, como resultado, os problemas da cena contemporânea: os atores tentam atuar juntos, mas professam diferentes mitos.

Exercício

O Equilíbrio

Comecem a correr lentamente pela sala. Mudem o tipo de movimento a cada 15 ou 20 segundos: de costas; lateral (esquerda); lateral (direita); para frente na ponta dos pés; depois para trás; para frente com os calcanhares; depois para trás; apoiando-se na parte externa dos pés; apoiando-se na parte interna dos pés; com os joelhos juntos etc. Depois disso, comecem a deslocar-se pelo espaço, girando no sentido horário; em seguida, no sentido anti-horário.

Ao sinal do professor, parem bruscamente. Fechem os olhos e, de pé sobre uma perna, mantenham o equilíbrio. Esse é o momento mais importante do exercício. Quanto mais rápido vocês recuperam o equilíbrio, mais alta qualificação se pode dar a seu estado psíquico e físico, e a seus padrões criativo-artísticos. Em suma, ao seu "eu". Por outro lado, se o artista não consegue restaurar o equilíbrio por um longo tempo, se balança em todas as direções, é sinal de insegurança, de dúvida, de despreparo para o trabalho criativo, de complexos secretos e, às vezes, de alguma doença física.

Para alcançar o equilíbrio o mais rápido possível, estiquem-se para cima ao máximo. Não procurem o seu "eu" na horizontal, apenas na vertical.

VARIAÇÃO 1

Realizem esse exercício sem qualquer sinal para deter-se. Decidam por si mesmos em que momento estão prontos para o equilíbrio vertical. Deve haver períodos de preparação, de aceleração e de decolagem. Imaginem que esse é o momento mais importante de seu monólogo ou de sua personagem. Tudo está sendo preparado precisamente para esse instante. Aqui não há margem para dúvidas. É o ápice que vocês ambicionam.

VARIAÇÃO 2

Estabeleçam de oito a doze tipos diferentes de movimento (na ponta dos pés, com os calcanhares, de costas etc.) e formem mentalmente com eles uma composição cujo clímax dramático seja o equilíbrio (de pé sobre uma perna e com os olhos fechados). Esse é o ápice. Percorram toda a composição, primeiro mentalmente, e depois a realizem com o movimento. Cada parte deve ser vista por vocês como um degrau no caminho do movimento em direção ao ápice, ao encontro com o evento principal, a uma determinada descoberta.

Essa variação do exercício se relaciona mais com o trabalho do ator na composição de uma personagem, mas eu sempre sugiro aos atores que o realizem em conexão com a busca de equilíbrio e de seu "eu". Por isso decidi deixá-lo nesta parte do livro. E, na verdade, há poucos exercícios que se referem apenas a uma parte do livro, sem ter relação com outra seção do treinamento.

VARIAÇÃO 3

Este exercício também é muito produtivo no trabalho com uma personagem ou com um monólogo. Dividam o papel em partes que representem, para vocês, a imagem de um determinado caminho.

De todos os movimentos que vocês já tentaram neste exercício, escolham aqueles que, em sua opinião, parecem refletir a natureza específica de cada parte da composição. No clímax dramático, quando conseguirem estabelecer o equilíbrio, digam uma palavra-chave ou frase de sua personagem. Será aí, talvez, que ocorre o encontro entre o "eu" e o *personnage*?

Apontamentos

Se ouvimos um narrador e acreditamos nele, começamos a acreditar em suas palavras. A presença da personalidade no palco é importante, já que confiamos primeiro nela, depois no mundo em que vive, isto é, na personagem, e somente depois na técnica, ou seja, na interpretação.

Aqui temos de ser claros, porque a personalidade do homem e do ator são, para mim, dois conceitos diferentes. É óbvio que, em certa medida, eles estão interligados, e às vezes é até difícil distingui-los, mas eles não são a mesma coisa. Não se pode considerar

que ser ator é apenas uma profissão. Ele é uma criatura indepen-
dente, e uma conversa com ele deve ser diferente. Deve haver uma
ressonância clara do homem e do ator, separados, mas juntos. Jun-
tos, eles formam o "eu".

Antes se valorizava o intérprete pela chamada "grande expe-
riência de vida", que considerava a riqueza de seu "eu" e era
indispensável no palco. Mas agora me parece que o teatro pre-
cisa de outro tipo de ator, um ator puro. O lixo da "experiência"
só o macula.

Exercício

A Vertical

Na Grécia antiga, o local para a construção dos teatros era escolhido desta forma: enquanto os templos dos deuses situavam-se nos
picos das montanhas e os mercados situavam-se abaixo, as áreas
destinadas aos teatros ficavam sempre entre eles, como para unificar os santuários e os mercados. Unia-se o que estava acima com
o que estava abaixo. Com isso, era evidente o destino dos artistas:
aproximar as ideias divinas dos seres humanos.

Imaginem que vocês estão parados dentro
de um forte raio de luz que vem de cima.
Trata-se de seu verdadeiro "agora", de sua
experiência como personalidade e como
artista. Vamos chamar isso de "sentimento
da vertical". Perceber-se como parte desse
mesmo raio significa alcançar sua vertical.

Respirem de forma homogênea e tranquila.
Fiquem de pé por um tempo com os olhos
fechados. Deixem a palavra "eu" ressoar
dentro de vocês.

Agora se afastem da "vertical", inclinando o corpo para trás até o limite. Voltem ao passado, à origem de si mesmos, para compreenderem de onde vêm. Façam isso sem pressa, sem se moverem do lugar. O passado corresponde ao som da letra "o".

No momento crítico da perda do equilíbrio, tentem mantê-lo e retornem à sua "vertical" no presente, e à palavra "eu".

Após restabelecer novamente o equilíbrio, inclinem-se para frente para olhar o seu futuro e responder a pergunta: para onde vou? O futuro corresponde ao som da letra "A".

Mais uma vez, como um pêndulo, retornem ao "passado" através do ponto do "presente". O presente "eu" existe por um instante.

VARIAÇÃO 1
O monólogo, a personagem ou a cena também têm o seu tempo: passado, presente e futuro. Utilizando esse exercício em um trabalho específico, o ator pode substituir os sons por palavras ou frases do texto que correspondam a um ou outro espaço de tempo.

VARIAÇÃO 2
Na personagem, há um elemento que balança como um pêndulo. Da mesma maneira, o monólogo pode oscilar até o ponto crítico, movendo-se para trás e para frente. Após encontrar esses pontos no texto de seu monólogo, use-os no exercício.

Tentem fazer o exercício de tal maneira que o tempo de realização comece, aos poucos, a corresponder ao tempo necessário para falar o monólogo.

Apontamentos

O presente se constitui entre o que foi e o que será, e existe só por um instante. O mesmo se passa com o "eu". Lembram-se dos experimentos de física na escola, quando em duas esferas de metal se acumulava energia elétrica e, no ponto crítico, saía uma faísca crepitando entre elas? O mesmo ocorre com o "eu", que também nasce em um instante.

A energia da cena também deve nascer como a faísca entre as esferas. Quanto mais brilhantes são o ontem e o amanhã, mais claro é o hoje. Durante o trabalho em uma cena, quanto mais conhecemos o passado e o futuro, mais precisamente descobrimos o presente.

O "eu" está localizado entre esses dois pontos: "de onde venho" e "para onde vou". Além disso, esses pontos devem ser explorados separadamente, tanto do ponto de vista do ser humano como do ponto de vista do ator, do artista, do profissional.

Assim como existem pessoas que vivem no passado, no presente e no futuro, também há atores no passado, há atores focados no presente e aqueles que olham para o futuro. Um dos brinquedos mais antigos e populares foi construído com base na ideia de perda e recuperação da vertical. Na Rússia, esse brinquedo se chama Nevaliashka ou Vanka-Vstanka; na Alemanha, Stehaufmännchen; na Itália, Misirizzi. Por mais que se tente tombá-lo, ele sempre levanta de novo, retornando à posição vertical. Este é o princípio fundamental: inclinar-se para depois voltar. Se o brinquedo não inclinasse ou não mantivesse sua vertical, perderia seu significado lúdico. O "eu" deve ir e voltar, ir de novo e voltar novamente, para poder revelar-se. O mesmo ocorre no teatro: é preciso definir a "vertical" da personagem e da cena, e jogar constantemente com ela, indo e voltando.

Exercício
Um Segundo de Medo

Coloquem-se em uma plataforma pequena e estável de maneira que a ponta dos seus pés fique para fora dela. Inclinem-se para frente até o seu limite. Façam isso de tal forma que não caiam e recuperem, no último instante, o equilíbrio.

VARIAÇÃO 1

Criem uma "vertical", parados, de costas para o espaço aberto, e comecem a se inclinar para trás lentamente. Façam um esforço para manter o equilíbrio e não cair. Mantenham o seu "eu".

Recordem o momento em que estão no limite de perder o equilíbrio. Eis aí o verdadeiro sentimento que um ator terá no momento mais sublime da sua personagem. Antes disso, o ator joga com o seu papel, como se o "balançasse". Mas aquele instante é a revelação do seu "eu". As pessoas escolhem se tornar atores/atrizes em razão *daquele* momento. Tudo existe nele: o medo e a alegria. E isso é normal: você teme entrar no palco, mas, ao mesmo tempo, não pode viver sem ele.

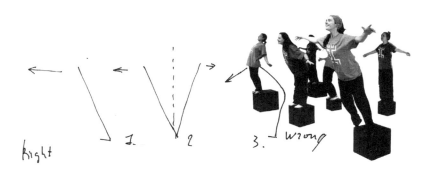

VARIAÇÃO 2

Façam a mesma coisa com os olhos fechados. Tenham cuidado, pois vocês podem cair. Mas um jogo é sempre um risco e ninguém sabe como ele vai acabar. E, se sabe, então é outra coisa e não um jogo. Iheschua, personagem do romance *O Mestre e Margarida*, de Mikhail Bulgákov, dizia que ele considerava a covardia como o pior vício humano. Para a profissão de ator, esse vício é mortal. O medo do novo é incompatível com o dever e a vocação do artista.

VARIAÇÃO 3

Realizem todas as variações desse exercício utilizando o texto da personagem com a qual estão trabalhando. Vocês ouvirão novas entonações e possibilidades de sua voz; peguem novas combinações dos movimentos do corpo com o texto, façam descobertas inesperadas na composição e até mesmo no conteúdo do material. Utilizem essas descobertas no espetáculo.

Exercício

A Batalha dos Equilíbrios

Fiquem de frente para o seu parceiro, colocando os pés um na frente do outro, como se estivessem dispostos em uma linha, e os pressionem juntos. Agora tentem romper o equilíbrio de seu parceiro com pequenos empurrões, tirando-o de sua posição original sem se mover do seu lugar.

No último momento, quando ele estiver a ponto de cair, segure-o e o ajude a recuperar o equilíbrio. Nessa batalha, não importa tanto a vitória, mas o processo de jogar com o equilíbrio. É importante também treinar a capacidade do ator de mudar instantaneamente a direção e o tipo de atividade, de mudar do "pró" para o "contra".

Repitam o exercício: de pé sobre uma perna, de lado, de costas um para o outro.

Apontamentos

Existe o "eu" do ator-pessoa e o "eu" do ator-artista. Existe o "eu" da persona *e o "eu" do* personnage. *Para mim, o "eu" do* personnage *é sempre livre e o "eu" da* persona *é limitado. Essa contradição entre a liberdade do espírito e os limites das forças reais dá origem à energia do movimento em direção ao "eu" ideal.*

Vocês sabem o que é sattori?

Exercício

A Cornija

Fiquem com o rosto virado para a parede, os pés juntos, as pontas separadas (primeira posição do balé). Imaginem que estão em pé na estreita cornija de um arranha-céu e que ela não é mais larga do que os seus pés. Não há onde se segurar. Para não cair, é preciso pressionar o seu corpo inteiro contra a parede. A tarefa: após estabelecer o equilíbrio, virem-se e fiquem de costas para a parede.

Não se apressem, é preciso alcançar o equilíbrio em circunstâncias novas e desconhecidas. Levará tempo para estabelecer contato com a parede, para "chegar a um acordo" com ela. Só depois de conseguir esse acordo, comecem a mudar a posição do corpo. Tenham isto em mente: cada nova posição exige uma correção do equilíbrio. Não se conseguirá percorrer todo o caminho com um único acordo. É preciso fazê-lo por etapas: chegar a um acordo e, em seguida, percorrer uma parte do percurso. São condições novas, um acordo novo, um deslocamento novo, e assim até o final. Realizem esse exercício algumas vezes, mudando a posição inicial: às vezes de frente para a parede, às vezes de costas.

VARIAÇÃO

Coloquem-se junto com alguns atores na "cornija" e segurem as mãos uns dos outros. Todos devem mudar a sua posição em relação à parede ou, para ficar ainda mais difícil, trocar de lugar com os colegas. As mãos devem continuar unidas. Ajudem uns aos outros.

Apontamentos

Para mim, é sempre importante chegar a um acordo com o ator sobre como o seu "eu" se comunica com o seu papel: como persona *ou como* personnage. *A diferença na abordagem muda radicalmente a metodologia do meu trabalho com o ator. Por exemplo, quando o ator pronuncia o nome "Hamlet", quem ele tem em mente? Se for uma* persona *que existiu realmente, então a história teatral sobre ela exigirá uma narração sobre a vida de uma pessoa específica. Com isso, saltarão ao primeiro plano os seus relacionamentos com sua mãe, amigos, inimigos, a garota que ele ama, seu pai, e assim por diante. Esse homem amou algumas pessoas, não amou outras, sofreu de solidão e pela traição dos amigos; em suma, experimentou sentimentos humanos reais. Em outras palavras, convido os atores a compreender a* persona *como um indivíduo humano.*

Mas se o ator percebe Hamlet não só como uma pessoa, mas também como um nó de energia, como uma concepção especial do mundo e um mito, então esse é um outro campo de investigação. A maior parte está baseada não em manifestações de todo tipo de caráter humano, mas no estudo de uma determinada posição filosófica e estética, focado em questões de valores essenciais da vida. Esse caminho chega ao ator com potentes energias relacionadas às ideias e aos mitos. Eu digo ao ator: "Hamlet como humano está morto, mas como personnage *está vivo. Então a questão é: o que você quer estudar, algo morto ou vivo?" O ator tem que decidir o que oferecer ao espectador: o sofrimento de um ser humano ou o sofrimento do mundo inteiro?*

Ao dedicar-se a investigar o personnage, *o ator cria um teatro no qual existem não somente pessoas "vivas" como também imagens artísticas e mundos. Pode parecer que a exclusão da "pessoa" de um papel remove dele uma diversidade emocional, mas não é o caso. O mundo artístico pode igualmente sofrer, amar e odiar como o homem. No entanto, esses sentimentos serão expressos de outra forma, incomparavelmente mais rica, mais forte e com mais nuances. Não há o que temer: o "humano" sempre estará presente no palco de forma real, visível. Em primeiro lugar, porque ele está sendo interpretado por um ator. Em segundo lugar, a vida do personnage influirá também na vida psicológica do ator no palco, vida tão supervalorizada pelos atores (creio que é porque não provaram nenhuma outra).*

Exercício

O Relâmpago

Este exercício ajudará a formar em vocês as qualidades mais importantes de um artista: a paixão e a capacidade de assumir riscos. E também a incluir no trabalho o que raramente incluem: o instinto e o subconsciente. O exercício os ajudará, ainda, a amar a reação instantânea no palco, quando não há tempo para a reflexão.

Quatro atores se posicionam de maneira a formar um retângulo com uma diagonal de 10 a 12 metros. Ao sinal do diretor-professor, corram para o lugar do parceiro que está à sua frente na diagonal, todos juntos e ao mesmo tempo. Teoricamente, com uma distância igual e uma mesma velocidade, seus caminhos devem se cruzar em um ponto e em um determinado momento.

É então que se dá uma situação ideal para o treinamento, a qual exige de vocês uma decisão instantânea e um acordo imediato. A situação não pode ser previamente planejada e calculada por completo – tudo dependerá do instinto. A preparação interna para o momento ideal pode levar bastante tempo, mas esse momento é como o fulgor de um raio. Mikhail Butkevich, um dos meus maravilhosos professores, gostava de dizer: "A arte surge com a rapidez de um raio quando você não tem tempo nem para pensar." Assim, suponho, nasce o "eu". Isso é *sattori*. Vocês sabem o que é *sattori*?

VARIAÇÃO

Coloquem um ator no centro de cada lado do retângulo. Agora oito pessoas se cruzarão no ponto de encontro. Corram de acordo com o desenho da bandeira britânica para trocar de lugar: do centro de cada um dos lados e dos cantos.

Apontamentos

Os personnages vivem eternamente, fora de um lugar e de um tempo concretos. E, de um ponto de vista energético, estão presentes entre nós, interagindo conosco. Mas nem todos aqueles que são nomeados na obra possuem um potencial energético tão grande para poder ser chamado de personnage. Alguns só carregam um peso narrativo, funcional. Quanto mais alto é o nível da dramaturgia, menor é o número de figuras de apoio. Tréplev e Shamraev, de A Gaivota, são pessoas reais, mas um foi criado por Tchékhov como personnage; o outro, como persona. Estudar Shamraev como personnage significa "inflá-lo" artificialmente; ele não resistirá a isso, embora teoricamente seja possível. Tratar Tréplev apenas como persona é empobrecer o papel. No destino de um personnage, o autor sempre coloca a energia de uma ideia especial, de um mito especial. É importante definir essa ideia, impregnar-se dela e incorporá-la no palco.

Exercício

Minha Carta

Primeiro Jogo

Neste exercício, são utilizadas 36 cartas de um baralho comum. Sabe-se que a mais importante é o ás, depois o rei, a rainha, e assim por diante até o 6 nessa etapa. Cada ator pega uma carta, que indicará o seu degrau na escada hierárquica. Sem mostrá-la aos outros, tentem usar a intuição para perceber o seu lugar nessa escada. Não o ilustrem demasiadamente, apenas tentem tomar consciência de si mesmos, de seu "eu" na hierarquia correspondente. Durante 2 ou 3 minutos, comparem o seu degrau com os dos outros atores, colocando-se em uma linha de acordo com os valores de suas cartas. Depois mostrem as cartas e corrijam a formação.

Quando todo o grupo conseguir fazer isso sem um único erro, continuem o exercício com um baralho de 52 cartas, do ás ao 2. Naturalmente, isso tornará a tarefa muito mais difícil.

A experiência da vida nos ensina a importância de conhecer o nosso lugar. Uma pessoa que não o sente será visto, no melhor dos casos, como ridícula, e às vezes simplesmente como grosseira. O ator que não sente o "seu lugar" no palco deixará uma impressão similar.

Segundo Jogo

Durante a distribuição das cartas, alguns atores recebem naipes vermelhos (copas e ouros), enquanto outros recebem naipes pretos (paus e espadas). Imaginem que a cor que receberam é sua descrição qualitativa. Isso deve ficar claro para os seus colegas. Não se esqueçam de identificar as cores deles também. Após o sinal, posicionem-se em duas linhas, uma de frente para a outra: uma para os naipes vermelhos; a outra para os naipes pretos. Em seguida, revelem as cartas e comparem o resultado.

Apontamentos

Estou convencido de que os personnages estão vivos se nós, atores, acreditamos que estamos vivos. Os personnages têm o seu mundo, a sua vida e o seu destino. Nós, atores, temos a nossa. Nós e eles buscamos algo em que possamos refletir a nós mesmos. Mas o personnage não é o melhor reflexo para o ator que o interpreta? Será por isso que o ator almeja interpretar determinados personnages, porque eles parecem ser os melhores espelhos, a melhor qualidade do reflexo de seu próprio "eu"? Se o personnage reflete o ator, isto é, cumpre a função de espelho, é a ele que devemos apresentar as exigências de pureza e profundidade. São as mesmas exigências que os personnages nos apresentam, que apresentam ao nosso "eu" ideal. Os atores preferem interpretar papéis nos quais eles são refletidos e os personnages preferem os atores nos quais eles são refletidos da melhor forma. Através dos reflexos, ambos descobrem algo novo em seu "eu", por meio de novos conhecimentos; ambos mudam, isto é, permanecem vivos.

Terceiro Jogo

Depois de distribuir as cartas, posicionem-se em duas linhas. Em uma, somente os que possuem as cartas pares: 2, 4, 6, 8, 10, rainha, ás; na outra, só as cartas ímpares: 3, 5, 7, 9, valete, rei. Captem a qualidade: se vocês são uma pessoa "par" ou "ímpar". Determinem as posições dos companheiros: quem está do seu lado, quem está no outro setor. Formem as linhas. Em seguida, revelem as cartas e comparem os resultados.

Quarto Jogo

Comecem, como de costume, a distribuir as cartas, mas desta vez não olhem a sua própria carta, levante-a acima da cabeça, de maneira que fique visível para todos os outros, exceto vocês mesmos. Ninguém conhece a sua própria carta, mas cada um conhece a carta dos companheiros. Eles avaliam vocês e vocês os avaliam. A tarefa é a mesma: definir seu lugar na escada comum. O séquito interpreta o rei.

Quinto Jogo

Ao receber a sua carta, considerem o seu valor. Em outras palavras, vocês são "vermelho" ou "preto", "par" ou "ímpar", "alto" ou "baixo". Avaliem todas essas qualidades em seus companheiros. Nos exercícios anteriores, vocês sabiam em que ordem deviam se colocar no final, mas agora não sabem. Cheguem a um acordo sobre o esquema de sinais e estejam preparados para qualquer variação que o diretor-professor lhes propuser.

É muito mais fácil compreender Hamlet do que a si mesmo; isso está muito claro para todos. O treinamento e a percepção do outro "eu" demandam ao menos alguma reflexão acerca do próprio "eu". Talvez um aluno possa, como o Pai, *personnage* da obra *Seis Personagens à Procura de um Autor*, de Luigi Pirandello, perguntar ao professor: "E você, quem é?" Não é uma pergunta simples. Mas, se vocês não a responderem, como poderão liderar uma classe?

Apontamentos

No Oriente, acredita-se que a felicidade é o pleno conhecimento do próprio "eu". Indubitavelmente, há um longo caminho até o ápice. Mas o que encontraremos quando chegarmos lá? Não se sabe.

No início do século XVII, por ordem do governador japonês Ieyasu Tokugawa, o monge budista Tenkai estabeleceu os sete passos da felicidade: a força, a satisfação com a vida, o bem-estar material, a honestidade, a vida longa, o reconhecimento e a sabedoria. Para cada um desses passos, havia uma determinada escola. Eu e as minhas sete escolas.

Nasci em 9 de agosto de 1947, em Odessa, e cresci cercado por atores, diretores, cenógrafos e dramaturgos. Era uma geração de intelectuais, de pessoas de almas puras e entregues fanaticamente ao teatro. Considero minha vida entre eles a minha primeira escola.

Mas todos eles morreram e eu perdi suas melhores qualidades.

Um dos últimos alunos de Stanislávski dirigia minha próxima escola. Ele era velho e gentil. Estava bastante satisfeito consigo mesmo, com seu teatro e com a vida que o rodeava. Ele não está mais entre nós, tampouco aquela vida e aquele teatro. No último momento, tentou transmitir-me, em primeira mão, como se diz, o "sistema" de seu professor. Mas aquilo não me interessava e eu não aceitei.

Encorajado pelo fato de ser jovem e por aparentar ter conhecimento, viajei por cerca de um sexto do globo, realizando todo tipo de espetáculo em grandes capitais e cidades regionais. Aprendi a levantar voo e a cair. Encontrei a fé em mim mesmo e aprendi a me autodestruir. Essas andanças teatrais se tornaram a minha terceira e complexa escola.

Graças a Deus, essa escola chegou ao fim, mas eu comecei a entender algo.

No último dia antes de completar 36 anos, abandonei tudo e fui estudar em Moscou. Começando tudo do zero, logo me vi na oficina de um famoso diretor e professor de teatro. Eu gostava de sua escola, minha quarta escola, porque ali todos estudavam. Até os professores de teatro e isso era honesto.

Mas eu já tinha quarenta anos.

Então a Perestroika permitiu a essas pessoas, já não tão jovens, abrir um teatro. Eles o chamaram, com toda a razão, de Escola de Arte Dramática. Um nome certo representa uma vida feliz! E eu fiquei lá para trabalhar e para estudar na minha quinta escola. E para viver.

Mas sem uma família ainda.

Até que vieram os meus alunos e me pediram... Então, mais uma vez, comecei a estudar a arte de estudar. Durante alguns anos, nessa minha sexta escola, reuni conhecimentos sobre treinamento teatral e criei meu próprio método.

Quando eu o criei, tive que abandonar o meu teatro e o meu país.

Ensino atores e diretores em teatros e escolas de diferentes países do mundo e, por isso, eles me enviam cartões de Natal. Comecei a escrever livros sobre a profissão. Assim, novamente estudo e aprendo algo sobre o teatro. Essa é a minha sétima escola.

Percorri os sete graus da felicidade e, de acordo com o plano do governador japonês do século XVII, estou no ápice dela.

Mas aqui eu fiquei completamente sozinho. Eu e mais ninguém. Essa é a felicidade japonesa.

Então, vocês sabem o que é sattori? *Uma hora... um dia... um mês. Talvez uma vida? Um golpe de pincel como se fosse com uma faca. Um golpe de caneta como se fosse com a ponta de uma espada.* Sattori *é a iluminação. Nesse instante, tudo se une: dias e anos, pensamentos e reflexões, mudanças de ideias e decisões de todo tipo. Todas as escolas. Toda a energia do homem e do artista. Tudo se concentra nessa fração de segundo e… nasce o "eu"! Isso é a criação: expressar-se totalmente em um instante do "eu". Sattori é uma linda palavra estrangeira.*

capítulo oito

Eu + Você

O ator contemporâneo deve corrigir e correlacionar o seu "eu" com três objetivos fundamentais: a arte, o parceiro e o *personnage*. Em primeiro lugar, deve-se regular a situação do "eu" e o teatro, depois o "eu" e a personagem, depois o "eu" e os parceiros.

Este capítulo aborda o tema da cooperação. Do ponto de vista do filósofo Martin Buber, pode-se dizer que o "eu" é sempre "eu e você" juntos. Atuar com o parceiro e manter um diálogo comum é procurar constantemente um ao outro, encontrar, ajudar, alcançar, ultrapassar e negociar juntos os complicados nós de uma composição. A atuação funcionará, se houver entrega mútua; mas se vocês sempre subtraírem, ela simplesmente não irá funcionar. No diálogo, não se pode estar acima do interlocutor, comunicar-se do alto. Deve-se permitir as opiniões e as ideias do outro. Os parceiros devem estar no mesmo nível! Tal como no jazz.

Apontamentos

Não se deve aproximar muito um do outro, mas conceder liberdade nas sugestões, nas ações, nas encenações e em tudo. Deve-se fazer tudo para liberar o espaço ao seu parceiro, deixar-lhe ar para a sua atuação. Cada movimento deve sugerir algo, revelar algo ao parceiro, mesmo que pareça um beco sem saída. Uma atuação aberta sempre atrai. É como uma porta aberta pela qual se quer entrar.

O famoso diretor russo Anatoli Efros disse no final de sua vida: "Eu posso trabalhar até mesmo com os meus inimigos", e morreu de um ataque cardíaco. A matemática é a base para os ensaios com os inimigos; a poesia, com os amigos. Mas no teatro eles estão sempre misturados. Portanto, até ele estava enganado.

Exercício

A Queda

Quatro atores se posicionam em uma linha a 1 metro de distância uns dos outros. Atrás de cada um deles deve ficar quatro parceiros. Os atores que estão na linha se revezam para cair para trás, e seus colegas os seguram, sustentando-os e baixando-os até o chão.

Deve-se cair sem pressa e sem se curvar. Não pensem na aterrissagem, pensem no voo. E o mais importante: não tenham medo, o seu parceiro está atrás de você.

No momento de cair para trás, pronunciem o som A, uma curta exclamação. Se a queda for para frente, utilizem o som O.

Façam a mesma coisa, mas com os olhos fechados.

A próxima etapa é a redução do número de atores que estão atrás. Agora, na linha dos que caem continua a ter quatro pessoas, mas na linha dos que seguram e que ficam atrás dos quatro atores da frente deve haver somente três pessoas.

Quando finalmente confiarem na capacidade dos parceiros, reduzam a segunda linha para duas pessoas.

É assustador cair para trás com os olhos fechados, sem saber quantos parceiros existem atrás. Quatro? Três? Dois? Um? Confiem no parceiro e vocês não cairão. E, se caírem, não irão se machucar. Levantem e comecem do início, com confiança em si mesmos e em seus parceiros.

Exercício

A Pena

Peguem uma pena de ave, uma tão leve que possa reagir ao menor sopro de ar. Brinquem com ela, soprem. Passeiem, coloquem-na no ombro, na testa; submetam a pena a seus desejos.

Continuem o jogo com ela, mas sem sair do lugar.

Convidem um parceiro a acompanhá-los. Passem a pena ao outro por meio de sopros. Continuem o jogo sem sair do seu lugar. Aprendam a "colocar" juntos a pena no chão.

Continuem o jogo durante o diálogo verbal.

VARIAÇÃO 1

Após dividir o grupo em duas equipes, marquem uma fronteira entre elas. Alguém que não esteja envolvido no exercício deve jogar a pena acima da fronteira. Então, vocês começam a soprar juntos, tentando empurrá-la para o território da outra equipe.

VARIAÇÃO 2

Tarefa para atividades grupais: formem um grande círculo e, com a sua respiração, levantem a pena que está no chão, ao centro do círculo. Joguem com ela por 1 minuto e depois a coloquem de volta onde estava.

Apontamentos

Yin e yang *são dois princípios inseparáveis. Duas energias. O treinamento é necessário porque a sua energia chega ao ator antes do espetáculo. Nesse caso, quando o público entra, o ator já está no caminho, em seu papel. O espetáculo e o ator entram antes do público. Em seguida, o público é forçado a alcançá-los. Esse treinamento é o* yang, *que completa o treinamento masculino.*

Mas também há um treinamento yin, *que é feminino; antes do espetáculo, ele purifica, libera e esvazia o ator para que ele possa acumular energia durante a encenação. O ator começa o espetáculo com nada e se enche de energia aos olhos do público. Nesse sentido, o espetáculo é o momento em que o ator e a personagem acumulam conteúdo, sentimento, significado etc. Para isso, deve haver outro tipo de treinamento e outros exercícios. É necessária a preparação do campo para que germinem as sementes que estão na terra e esperam a chuva para que brote a grama. Mas lembrem-se de que* yin e yang *estão sempre juntos; é um diálogo sem fim.*

Exercício

Diálogo Com uma Vela

Segurem uma vela na mão estendida à sua frente. O jogo é construído com a mudança de posição da chama. Vocês guiam a posição para que ela se mantenha acesa ou se apague. Isso pode ser feito de pé, com a sua respiração; ou desta outra forma: fiquem parados sem se mexer, enquanto o seu braço, segurando a vela, move-se ao seu redor.

Realizem o exercício correndo, mudando a velocidade e o tipo de movimento.

Como variação, esse exercício pode ser combinado com o texto.

Exercício

Os Siameses

Escolham um parceiro para fazer um trabalho em comum; pode ser qualquer pessoa com quem tenham gostado de trabalhar durante a aula. Unam-se pela lateral do corpo, como os siameses, e caminhem juntos ou corram. Em seguida, juntem-se apenas pelos braços, pelos ombros, pela cabeça, pela barriga etc. Juntem-se não só fisicamente, mas também com um pensamento em comum. Vocês têm dois corpos, mas apenas um intelecto, uma psique e um sistema emocional.

Agora virem de costas e juntem-se:

- somente pelas costas;
- somente pela nuca;
- somente pelas nádegas.

As sensações serão diferentes e, por isso, após o exercício, é útil compará-las: se vocês se juntarem pelas cabeças, será uma vida; se se juntarem pelo peito, será outra. Inventem qualquer união sem limitar a sua imaginação.

VARIAÇÃO 1

Seu parceiro fecha os olhos. Coloquem o centro da palma da mão no topo da cabeça do parceiro e mantenham essa posição. Seus movimentos não estão limitados pelo espaço; vocês são o líder e ele tem a obrigação de lhes obedecer. Após 15 minutos, troquem de papéis.

VARIAÇÃO 2

Tentem utilizar este exercício na busca de suas relações com o *personnage*. Imaginem que o *personnage* que pretendem incorporar está na sua frente. Como vocês conhecem toda a composição do papel, guiem o seu *personnage* pelo seu labirinto, por todos os lugares tempestuosos e tranquilos, mudando o ritmo e o tipo de movimento.

VARIAÇÃO 3

Coloquem a mão direita no topo da cabeça do parceiro e caminhem assim por 15 ou 20

minutos, como um só ser. Isso significa não somente caminhar juntos como também sentir, pensar e criar como um ser único.
A unidade autêntica pode surgir com base no seu respeito pelo parceiro. Não é suficiente somente entender cada movimento mínimo do parceiro (externo ou interno) e responder com precisão a ele; é essencial aceitá-lo como seu próprio ou, mais precisamente, como parte de vocês mesmos. Isso porque o acordo que surge como resultado do compromisso dos parceiros não é de tão alta qualidade como um acordo complementar, isto é, quando uma coisa completa outra. Como a chave para o cadeado, assim é o parceiro para seu parceiro.

O exercício exige um assistente para garantir a segurança dos dois.

Realizem este exercício junto com a cena que tenham em comum com o parceiro e, com o tempo, acrescentem ao trabalho o texto de um diálogo.

Apontamentos

Teatro lúdico: eu + o personnage. Teatro psicológico: eu = personnage (ou persona). É importante entender o que se está sugerindo: igualdade ou adição. São diferentes operações aritméticas e diferentes teatros. Não se pode atuar quando existem parceiros em uma cena, mas em diferentes teatros.

Mas nem todo mundo é capaz de somar. A união de dois seres, ou do personnage e do ator, em um é criada, antes de tudo, a partir de uma mesma convicção. No teatro, podemos ouvir: "Hoje, eu interpretei Hamlet", mas é difícil imaginar algum ator dizer: "Hoje, Hamlet me interpretou." Não estamos preparados para que Hamlet nos interprete. Assim não haverá atuação, pois é sempre um processo bilateral: eu + você.

Exercício

O Segundo Corpo

Imaginem que na frente de vocês está o seu corpo. É como se ele estivesse separado cerca de 10 a 20 centímetros. E vocês devem mover esse segundo corpo para frente, para trás, para a esquerda, para a direita, sentá-lo, deitá-lo no chão etc. Após uma execução prolongada deste exercício, vocês começarão a sentir que realmente levam à frente de vocês uma massa absolutamente concreta e, inclusive, sentirão cansaço.

Eis um poema:

Vire para mim!
Também estou com saudades
Neste outono surdo.

Exercício

O Jogo da Sombra

Um exercício semelhante é realizado com uma iluminação especial da sala para que apareçam sombras na parede. Em primeiro lugar, o ator deve aprender a criar uma composição de determinados movimentos com a sua sombra; em seguida, tentar criar uma história inteira e, por fim, interpretar com sua sombra, sem palavras, uma cena ou um monólogo de seu papel.

Esse exercício, como o anterior, ajuda o ator, durante a atuação, a ficar "fora de si". Seu foco é direcionado ao trabalho artístico, criativo, que ocorre principalmente fora de si mesmo. Essa separação conduz a uma interpretação com o que está fora. Graças à distância da atuação que se formou, o ator ocupa a posição do autor: um jogador, um líder e um "engenheiro" do papel.

Da Entrevista à Revista Teatral Sueca *Theatre*

Em primeiro lugar, acredito no mais antigo mito teatral: o *personnage* está vivo e exerce influência sobre a vida e o destino do ator. O genial Luigi Pirandello escreve sobre isso em suas peças.

Em segundo lugar, para mim não existe a questão: "Escrevem com tinta ou caneta?" "Eu escrevo" ou "Escrevem comigo (como ferramenta)": no teatro, esses dois processos completamente diferentes estão unidos em um. Esse paradoxo constitui a singularidade da criação do artista: o intérprete-instrumento em um mesmo ser – o intérprete toca o instrumento, o instrumento toca o intérprete. O ator atua junto com o *personnage*. O artista cria a imagem artística, mas a imagem artística também cria o artista.

Exercício

O Papel da Personagem

Agora, deixem o seu parceiro interpretar a personagem. Ele fecha os olhos e se submete a seus desejos. Vocês colocam a mão esquerda no topo de sua cabeça de maneira que o centro da palma fique no centro energético; vocês o guiam de acordo com o seu próprio critério e imaginação. O que importa agora é que vocês estão lidando com uma pessoa real. Vocês são o líder e ele é o guiado; mas, ainda assim, a natureza de seu parceiro exercerá uma influência bastante forte sobre as suas decisões. É importante que a existência do *personnage* adquira, cada vez mais, a forma de uma substância concreta, com os seus desejos e suas características. Vocês têm a obrigação de tomar conta da vida de outro ser, com seus desejos, intenções e singularidades.

Lembrem-se dos três exercícios anteriores. No primeiro, a substância imaginada está à sua frente. O campo da interpretação está fora do ator. A distância que surge assegura a posição de interpretação do diálogo nesse campo. Da substância imaginada, passamos a uma visível, a sua sombra, o que é algo mais concreto. A última etapa é um ser concreto e vivo. Assim, nesses exercícios, o ator gradativamente percebe que o *personnage* é uma substância viva. O ator não está sozinho. Está com o seu parceiro: o *personnage*. E deve estabelecer com ele um diálogo e não simplesmente guiá-lo. O diálogo coloca os dois no mesmo campo. O *personnage* influencia o ator e o muda. Entre o ator e o *personnage* são estabelecidas relações de ressonância. "Eu + Você" é uma só criação.

Exercício

A Bomba de Ar

Coloquem-se um de frente para o outro a uma distância de 1,5 metros. Imaginem que vocês trabalham como duas bombas ligadas entre si: há um volume compartilhado de ar, então se um expira, o outro inspira. A quantidade de ar que o seu parceiro expirou é a mesma que vocês inspiraram. Nem mais nem menos. Não se apressem. Tentem prolongar a inspiração e a expiração o máximo que puderem.

Quando inspirarem, imaginem que são uma concha vazia na qual o seu interlocutor irá depositar palavras, pensamentos e sentimentos. Joguem fora todas as suas avaliações pessoais, aceitem tudo. Quando expirarem, entreguem tudo até a última gota e preencham o seu parceiro até a borda. Tentem fazer isso suavemente e, em seguida, com impulsos curtos.

Realizem esse exercício mantendo uma distância definida, depois mudem a distância, caminhem pela sala e inventem todo tipo de composição: acima-abaixo, perto-longe etc. No início, a mudança de respiração será somente com o ar, depois utilizem o som A. Em seguida, cada um escolhe um som; por exemplo, A e U. Mais tarde, utilizem qualquer vogal (também podem ser consoantes). Formem a composição do diálogo com sons, de acordo com a cena na qual estão trabalhando com o seu parceiro.

Depois, comecem a trabalhar com o texto de seu diálogo.

Apontamentos

Pode-se dizer que, em certa medida, a persona *e o* personnage *se correlacionam, tal como os conceitos de* ator, *que se refere apenas à profissão, ao domínio dos conhecimentos de certo ofício, e* artista, *uma concepção artística única, uma posição criadora particular, um tema próprio no trabalho criador. O ator é o executor e o intérprete da vontade alheia; o artista é o criador e o investigador. O segundo conceito é muito mais amplo e inclui não apenas as habilidades profissionais como também a ética, a estética e a filosofia da personalidade artística. Da plateia, pode-se notar imediatamente se quem entrou no palco foi um ator ou um artista.*

Da mesma forma, pode-se olhar o espaço do palco de diferentes pontos de vista: ou é um lugar onde as pessoas nascem, vivem e morrem ou é um lugar onde as ideias nascem, vivem e morrem. A arte teatral é o reflexo da realidade cotidiana ou essa arte é de um planeta completamente diferente, que exige diferentes formas de pensar, diferentes formas de interação, diferentes emoções e novas ideias – um planeta que somente em certa medida se relaciona com o planeta dos humanos.

Exercício

Um Leve Flerte

Todo o grupo se desloca livremente pela sala. Ao longo de 1 ou 2 minutos, cada ator deve entrar em acordo (sem palavras ou sinais) com um de seus parceiros para formar um par. Ao sinal do diretor-professor, todos os que entraram em acordo devem juntar-se a seus pares sem equívocos.

Repitam esse exercício várias vezes com um parceiro diferente, reduzindo o tempo de busca e aumentando a velocidade do deslocamento.

VARIAÇÃO 1

Deslocando-se livremente pela sala, escolham um parceiro e concordem em formar um par. Lembrem-se dessa união. Vamos chamá-la de A.

Continuem em movimento e encontrem um novo parceiro. Essa será a união B. Mantenham ambas as uniões. Determinem os sinais do professor: um assobio significa um encontro com o primeiro parceiro; um aplauso, um encontro com o segundo parceiro.

Vocês não sabem qual dos dois "aliados" correrá a seu encontro, já que isso depende inteiramente do tipo de sinal. O desconhecimento lhes garante a existência simultânea de duas relações.

Aumentem o número de acordos e diversifiquem o sistema de sinais. Quanto mais complexo for o sistema e quanto mais uniões conseguirem, mais produtivo será o treinamento. Assim, por exemplo: os atores, no início, buscam o parceiro 3; em seguida, de comum acordo, buscam o parceiro 2; depois, o parceiro 4; e, finalmente, o parceiro 1. Um aplauso do professor indica um encontro com o parceiro 2; dois aplausos, com o parceiro 4; quatro aplausos, com o parceiro 3; e três aplausos, com o parceiro 1. Com o primeiro parceiro, devem trocar um aperto de mãos; com o segundo, um abraço; no terceiro, dar um tapa na nuca; e no quarto, beijar. Se conseguirem cumprir a tarefa, podem continuar a deixá-la mais complicada e desenvolvida.

Prestem atenção no processo de busca do parceiro e no acordo estabelecido com ele. O mistério é importante. É justamente o segredo das ações que proporciona a disposição de interpretação. A interpretação secreta, o tema oculto da personagem e da cena e o acordo secreto com o parceiro sempre lhes proporcionarão a energia da atuação. O momento do encontro revelará o segredo e a energia fluirá.

VARIAÇÃO 2

Escolham um parceiro e deixem que essa relação seja visível e aberta para todos. Realizem uma atuação improvisada sobre essa relação; façam isso de forma atraente e imaginativa. Essa é uma história aberta. A energia de sua interpretação não será grande até que estabeleçam simultaneamente uma relação secreta com outro parceiro. Esse é o argumento interno. É uma história oculta. É uma interpretação secreta que vive de acordo com o instinto da grama que abre caminho através do asfalto e descobre o seu destino somente no momento mais importante. É uma interpretação que possui uma energia colossal, a energia da vida secreta. Por isso, é fundamental que haja pelo menos duas histórias, duas direções e dois movimentos. Assim, devido ao atrito entre eles, a energia surgirá.

Se a interpretação for "aberta", nós a ilustraremos assim:

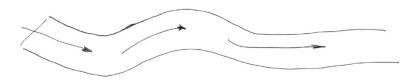

Então, a interpretação "velada" será assim:

O quadro geral ficará assim:

A interpretação secreta e a aberta estarão inter-relacionadas desta maneira:

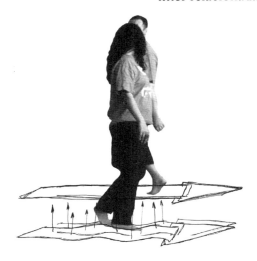

A partir desse impulso "de baixo", o argumento da cena que está na superfície se desenvolve não tanto por si só, mas devido à interpretação secreta, oculta. É a partir daí, a partir do oculto, que ela recebe um temperamento desigual, uma agitação, uma brisa.

Quanto mais intensa e saturada é a colisão interna e o movimento da interpretação oculta, mais isso se reflete na superfície do argumento. E chega um momento em que a vida externa da obra teatral não suporta a tensão interna e rompe. Então, tudo o que estava oculto vem à tona. E quanto mais profundamente estava escondido o segredo, mais potente será a ruptura.

VARIAÇÃO 3

Juntem dois atores, mas certifiquem-se de que só eles sabem dessa união. Durante o exercício, os demais devem determinar quem formou um par e, no final, quando eles quiserem se encontrar, devem impedi-los.

VARIAÇÃO 4

Novamente em segredo, designem um par e certifiquem-se de que nenhum deles sabe quem é o parceiro.

A tarefa: os escolhidos têm que buscar o parceiro e juntar-se a ele após o sinal; os demais têm que descobrir quem são os atores que estão buscando o par e impedi-los de se juntar. Tenham em mente que os membros do par devem identificar o seu "prometido", chegar a um acordo com ele e, ao mesmo tempo, ocultar seu segredo aos demais. A energia da interpretação surge justamente em razão da simultaneidade da existência secreta e evidente.

Comecem com um par e, em seguida, dependendo do número de participantes e de seu nível de experiência, acrescentem mais um ou dois pares.

Apontamentos

Quando um ator percebe o seu protagonista apenas como um ser humano, isto é, como persona, ele compara a sua própria experiência de vida e seus hábitos psicológicos com o comportamento e os sentimentos do seu protagonista. Dessa comparação, deriva a energia e o material para trabalhar com o seu papel. A energia adquirida nessas comparações de vida não é muito grande. Ao atuar segundo a fórmula "persona = eu", o ator muda graças ao simples reflexo de espelho.

Por outro lado, quando o ator percebe o seu papel como personnage, ele é refletido em um sistema artístico-filosófico particular do personnage. A fórmula "personnage = eu" desperta no ator um elevado nível de energia, envolvendo a sua própria visão de mundo, seus pontos de vista sobre a arte, a ética, a estética etc. É com base nessa energia que ele realiza o trabalho com o seu papel. A quantidade e a qualidade dessa energia dependem tanto do nível das ideias do personnage como da capacidade do ator em "refleti-las" e em ser influenciado por elas. Nessa situação, é inevitável a mudança de status do ator-homem para o ator-artista.

Há uma terceira variante, na qual o ator e o personnage são dois assuntos constantes, imutáveis e iguais. Seu encontro é uma construção de duas figuras igualmente significativas que estão em harmonia, estão próximas uma da outra, mas têm posições diferentes em algumas coisas. Em um mesmo sistema, pode-se observar duas figuras independentes que se influenciam mutuamente. Aí se ativa a fórmula do teatro "lúdico", na qual funciona a lei "eu + o personnage". Essas duas figuras procuram constantemente refletir uma à outra, a fim de se manifestarem. O personnage busca seu ator, ou melhor, o artista. Mas o ator também busca o seu personnage. Cada ator provavelmente quer interpretar Tréplev, mas será que Tréplev realmente quer que esse ator o interprete? É claro que, para um encontro equitativo com o personnage, é essencial, antes de tudo, ser um artista preparado.

O sistema "eu + o personnage", *que busca de maneira inces-sante a possibilidade de ser refletido, encontra o seu reflexo no espelho criado por ele próprio: a atuação. Os dois componentes desse sistema emitem e refletem a luz. Ambos, o* personnage *e o ator, são simultaneamente objetos de reflexo e espelhos um do outro. Eles existem como figuras constantes, mas na interpretação ocupam diferentes posições, mudam constantemente. Mudam sem cessar o ângulo e a distância um do outro.*

Exercício

A Bola Entre Vocês

Segurem uma bola de tênis entre vocês e seu parceiro com a testa e caminhem juntos durante algum tempo pela sala.

Agora, sem usar as mãos, baixem a bola ao nível do chão e, em seguida, a levantem novamente. A bola deve ser tocada ao mesmo tempo pelos dois parceiros. Façam a bola rolar entre vocês, como uma bola de massa de pão entre as mãos. Esse exercício irá ensiná-los a prestar mais atenção ao parceiro, a sentir e a compreender cada um de seus movimentos e desejos, e até mesmo a prevê-los.

VARIAÇÃO 1

Mantenham duas bolas entre vocês e seu parceiro, uma na parte superior do corpo e a outra abaixo. Movam-se verticalmente com a ajuda dos movimentos do corpo, de tal forma que as bolas troquem de lugar.

variação 2

Uma pessoa deve ficar entre os dois parceiros. Segurando as bolas entre vocês e a pessoa que está no meio, levantem e abaixem essas bolas. Vocês podem levantar uma bola enquanto abaixam a outra.

O que está no meio deve pensar nas duas bolas ao mesmo tempo, deve ser um controlador de movimentos, um coordenador das ações dos outros parceiros. Todos os participantes desse exercício devem passar, em turnos, por essa posição central.

variação 3

Coloquem-se todos em uma linha, ombro a ombro, e segurem uma bola de tênis entre cada um de vocês. Transformem a linha em um círculo, um quadrado e um triângulo. Se cair uma única bola no chão, toda a equipe deve começar o exercício do início.

Apontamentos

Um reflexo sempre requer distância; sem ela, nenhum reflexo é possível. Mas a posição também desempenha um papel determinante; o "ângulo" é importante. O espelho e o sujeito não se encontram um em frente ao outro diretamente, mas em determinado ângulo. Quando o sistema de reflexão é revelado, ou aberto, ele convida à participação. Essa abertura aumenta a capacidade de interpretação da personagem, dando-lhe uma ressonância especial de "eco", forçando-a a encontrar o seu equilíbrio e, por isso mesmo, a criar um terceiro reflexo interpretativo. Assim atua a mágica, e quase irreal, aurora boreal, como resultado de um complicadíssimo reflexo de várias superfícies dispostas em planos inclinados que formam um ângulo entre si. É como criar um campo especial de atuação, construído sobre os reflexos do personnage *e do ator.*

Exercício

Sistema de Eco

O "espelho", os "tubos comunicantes" e o "eco" são diferentes aspectos dos sistemas de eco, cujas leis vocês podem utilizar na análise. Nos palcos, muitas vezes são vistos pares especiais de atores: "gordo e magro", "mau e bom", "alto e baixo". No circo, o palhaço vermelho e branco; na *Commedia dell'Arte*, Arlequim e Pantaleão etc. Eles interagem como complemento um do outro, como reflexo e como um todo. Os sistemas de eco são "o dia e a noite", "a terra e o céu", "o homem e a mulher", "o verão e o inverno"; eles estão ligados um ao outro e, em essência, representam uma unidade dialética, embora também possam existir separadamente. Na Terra, há lugares que se encontram em hemisférios diferentes, mas que possuem condições de vida, tradições e rituais similares. Na obra teatral, existem personagens e cenas que parecem ligados uns aos outros por fios especiais, complementando-se, opondo-se e refletindo-se.

Por isso considero esse exercício, talvez bastante simples, de suma importância no trabalho com a personagem e o espetáculo.

> Dois atores ficam um de frente para o outro a uma distância de 1 metro. Um deles é o líder; o segundo é o espelho, que o reflete. O primeiro faz algo, o segundo repete seus movimentos. Procedam nesta sequência:
>
> - Um ator é o líder. O segundo ator é o "espelho"; o que está sendo conduzido só reproduz os movimentos do líder.
> - Troquem de papéis.

- Aumentem a velocidade e a distância entre vocês e diversifiquem o tipo de movimento.

- Espelho deformante: inventem a forma como esse espelho altera a ação do líder de acordo com uma determinada regra.

- Não há líder e ninguém está sendo conduzido. O líder atua com o "espelho" e o "espelho" atua com o líder.

- Organizem todo o grupo em pares de "líderes" e "espelhos". Realizem o exercício com a primeira variação. Peçam aos atores que aumentem a distância entre os pares a tal ponto que ocupem completamente o espaço da sala. Eles devem cruzar livremente as linhas de movimento dos outros pares. Agora, todos os atores, sem interromper o trabalho com o seu par, devem encontrar um novo "espelho" ou um novo "líder". Ao sinal do professor, mudem imediatamente de parceiro e comecem o trabalho em uma nova relação.

- Um grupo de artistas deve criar uma cena em evolução andando pela sala. O outro grupo, o "espelho", deve repetir a improvisação imediatamente depois.

Nas obras de teatro contemporâneas e clássicas, há muito pares em espelho. O par Tréplev e Trigórin pode ser definido assim: "jovem e velho", "vanguardista e conservador", "amador e profissional" etc. Outros pares são Arkádina e Nina Zarétchnaia, Solioni e Tuzenbach, Banquo e Macbeth. Essas personagens estão ligadas umas às outras e parecem existir juntas, mas em lados diferentes do espelho. Pode haver diálogo entre elas, mas também pode ser que as partes separadas de "duplo sistema" não se encontrem. Isso contribui para criar mais tensão entre elas.

Os pares citados como exemplo são fáceis de identificar. Mas, para uma análise mais ampla, vocês mesmos podem criar esses "sistemas de eco". Macbeth e Duncan são "o rei e seu súdito", "pai e filho", "general e soldado", "assassino e vítima" etc. Esses sistemas, dependendo da necessidade e do conteúdo da cena, podem ser trocados livremente. Esses pares devem ser criados não para um curto período de tempo; eles devem ter um impacto duradouro ao longo de toda a peça e influenciar-se ativa e mutuamente. Partindo dessa inter-relação, pode-se dizer que Macbeth matou Duncan, mas também que Duncan matou Macbeth. Leiam a obra O *Duplo*, de Dostoiévski, e vocês verão como uma vida, uma energia e uma história estão divididas em duas. Sua compreensão do papel se aprofundará se descobrirem o "duplo" dele.

Como exemplo de sistema de eco de cenas, podemos citar os seguintes: no primeiro ato de A *Gaivota*, a imagem do nascimento do teatro; no último ato, a imagem de seu esqueleto reduzido a cinzas, a morte do teatro. No primeiro ato de As *Três Irmãs*, a primavera; no último ato, o outono. Comparem a primeira cena de *Nina e Constantin* com o encontro final. O sistema de eco pode estender-se a grupos de personagens, como, por exemplo: os três homens, Verschinin, Tuzenbach e Solioni, e as três mulheres, Mascha, Irina e Olga. Observem que, em cada obra teatral, há frases ou palavras isoladas que existem como eco de palavras e expressões da personagem que vocês interpretam. Em outras palavras, alguma outra personagem utiliza os mesmos pensamentos e até as mesmas frases, confirmando-as ou parodiando-as, ou mesmo rejeitando-as completamente.

Os sistemas de eco podem surgir em sua imaginação além dos limites da peça: "Três Irmãs: Santíssima Trindade – Fé, Esperança, Amor", "Três Irmãs: As Três Bruxas de Macbeth". Evidentemente, Tchékhov escreveu A *Gaivota* como um eco de *Hamlet*, de Shakespeare. Todo sistema de eco, com sua carga positiva e negativa, é sempre uma fonte de energia. Tais sistemas ampliam as dimensões da personagem, suscitam comparações, conferem a ela a profundidade e a qualidade de um romance e eliminam o perigo de uma exposição unilateral da história.

Este livro está chegando ao fim e eu preciso falar sobre o treinamento, que deve tornar-se parte da vida do ator no teatro. Na escola, isso está claro. A escola é o lugar do treinamento. Mas acho incorreto suspender o treinamento entre as paredes do teatro profissional. Nem eu nem ninguém sabemos qual será o destino do teatro no futuro, mas, ao pensar no que vem pela frente, não posso imaginar a vida do organismo teatral, equipado com uma metodologia de direção variada e técnicas de interpretação desenvolvidas, sem um constante processo de estudo e pesquisa do ofício cênico para a formação no teatro. Não imagino um teatro do futuro sem uma estreita relação com a escola de teatro; do palco com o estúdio; do espetáculo com o treinamento.

No processo de formação de todo *ensemble* (elenco) do teatro profissional e de cada um de seus atores, eu não vejo o treinamento e a individualidade artística somente como professor, mas também como diretor-professor praticante, que pode comparar a qualidade de um ator que chega ao ensaio após o treinamento ou diretamente da rua. Quanto tempo de ensaio se gasta no chamado "aquecimento" do ator, em sua "agitação"! E, por outro lado, o ator preparado para o treinamento sempre leva ao ensaio uma iniciativa, uma proposta inesperada e um fogo criativo.

É preciso dedicar ao treinamento dos atores de teatro não somente um tempo especial como também uma atenção especial. No teatro, o treinamento tem diferentes tarefas, em comparação com a escola. O mais importante não é ensinar o ator, embora isso também seja necessário, mas prepará-lo para um ensaio ou peças específicas.

No teatro, é essencial ter um professor para o treinamento. É fácil valorizar o seu papel no teatro contemporâneo. Os atores e os diretores precisam dessa relação para o desenvolvimento artístico, psicológico e investigativo. Com o surgimento da figura do professor e de suas aulas com os atores, o clima teatral muda. Durante uma hora e meia ou duas horas de exercícios, ocorre a sintonização do aparato psicofísico do ator, diretamente relacionado a um trabalho específico. Na prática do treinamento, trabalha-se com aquilo que o ator encontrará em sua cena, em seu papel. É justamente a energia do treinamento que o ator leva para o ensaio. Graças a isso, nascem no ator a iniciativa e a liberdade, bem como o desejo de arriscar-se e de encontrar um caminho novo. Durante as horas de preparação, o ator recebe uma carga de certeza em seu potencial artístico e se liberta do peso da responsabilidade de seus erros. Direi mais: com o treinamento, começa o caminho até o espetáculo.

Exercício

O Local do Encontro

Após dividir o grupo em duas equipes com o mesmo número de integrantes, formem duas linhas, uma de frente para a outra, a uma distância de 7 a 10 metros.

Cada ator estabelece contato com algum dos parceiros que estão à sua frente. Os pares formados devem chegar a um acordo sobre o local e a data do encontro. Por exemplo, "9 de agosto de 2014, às seis horas da noite, na praça Veneza, em Roma".

Ao sinal do professor, os atores da primeira linha devem nomear o ponto de encontro ao parceiro da segunda linha. Isso deve ser feito simultaneamente durante 20 ou 30 segundos. Em seguida, verifica-se se os atores da segunda linha ouviram corretamente a hora e o local do encontro. Depois disso, a tarefa é realizada pelo grupo de atores da segunda linha.

VARIAÇÃO

Ao caminharem pela sala, escolham um parceiro e, enquanto se movem pelo espaço, definam juntos a hora e o local do encontro. Tentem realizar essa variação do exercício enquanto correm em diferentes velocidades.

Exercício

Pessoas e Cadeiras

Fiquem a uma distância de 10 a 12 metros do seu parceiro. Coloquem entre vocês umas sete ou oito cadeiras. Silenciosamente e sem gestos, definam em que cadeira se sentarão. Vocês têm de 10 a 15 segundos para fazer isso. Depois, devem correr e se sentar na cadeira selecionada.

VARIAÇÃO 1

Enquanto correm entre as cadeiras, escolham secretamente uma que vocês e seu colega irão compartilhar. O tempo para fazer isso é limitado. Aprendam a decidir rapidamente, mas sem prejudicar a qualidade do acordo. Ao sinal do professor, sentem-se juntos em "sua" cadeira.

VARIAÇÃO 2

Incluam um terceiro ator neste exercício. Ele deve adivinhar qual cadeira vocês escolheram e não deixá-los sentar nela. A inclusão de um terceiro participante os forçará a escolher uma cadeira de maneira mais sutil, sem serem notados, e a recorrer ao logro para confundir o rival.

VARIAÇÃO 3

Na sala, há agora a mesma quantidade de cadeiras e de participantes no exercício. Caminhem entre as cadeiras. A tarefa: durante a caminhada, todos devem definir silenciosamente que cadeira pertence a quem e, após o sinal, ocupá-las sem erro.

VARIAÇÃO 4

Introduzam uma condição que vai distraí-los: enquanto andam e chegam a um acordo sobre as cadeiras, comecem o exercício "Aplausos" ou "Um Leve Flerte".

Exercício

Uma Voz

Dois atores devem unir-se em um só ser, caminhar juntos e, ao mesmo tempo, estabelecer um diálogo com outro par. O texto e o movimento do diálogo devem surgir no processo do jogo, no momento em que as palavras são faladas. Os atores devem aprender não somente a falar um único texto, sem ultrapassar ou ficar atrás uns dos outros, como também a pensar e a criar um diálogo juntos.

Para começar, utilizem personagens simples, em situações contrastantes, que formem um par natural. Por exemplo: um soldado e um general; um diretor e um ator etc. Depois de assimilar esse exercício, tentem fazê-lo com as personagens da peça que vocês estão ensaiando.

Não confundam conversa com diálogo. Um diálogo é sempre a sensação de dois potenciais iguais e diferentes: o início e o fim. Sempre se devem manter diametralmente opostas duas palavras, significados, formas, sentimentos, filosofias. Os parceiros esboçam as partes que o integram. Ao deslocar-se entre as partes da composição, deve-se manter o objetivo principal, o evento principal e chegar a ele juntos. Durante o deslocamento de uma parte a outra, surgem emoções e energia. Esse processo de movimento serve justamente para conhecer o objetivo. Se não existe tudo isso, então não é um diálogo nem um drama, mas apenas uma conversa.

Se não se conhece o objetivo, a dramaturgia da ação não terá sentido. Se algo se revela para os atores, então será revelado também para aqueles que o estão assistindo.

Um diálogo não é assim:

Mas assim:

Os vetores do diálogo devem estar apontados para fora para que haja um caminho, ao longo do qual os atores e os espectadores irão se mover. A tensão do diálogo se forma com a diferença de potenciais de cada parceiro.

Exercício

Cartões de Encenação

Descrevam diferentes encenações em cartões separados: não proponham uma ação concreta, mas posições detalhadas do corpo. Por exemplo: "O ator está meio curvado, com os braços estendidos para trás, as pernas estão ligeiramente dobradas na altura dos joelhos, a cabeça e o corpo estão inclinados para frente."

Vocês e seu parceiro pegam um cartão cada um, mas não devem saber a tarefa um do outro. Para a execução da encenação, vocês têm de 10 a 15 segundos. Nesse período de tempo, cada ator deve compreender também o que o seu parceiro está mostrando. Depois, deve-se comparar as respostas para ver o quão precisas elas foram.

VARIAÇÃO 1

Pegando um cartão cada um, vocês e seu parceiro devem, após estabelecer um acordo em 2 ou 3 minutos, interpretar juntos uma cena com base nas encenações sugeridas nos cartões.

VARIAÇÃO 2

Peguem um novo cartão cada um e, sem mostrá-lo ao outro, interpretem uma cena com base em seu conteúdo, criando-a durante a interpretação.

VARIAÇÃO 3

Essa variação é especialmente útil para a formação dos diretores. Dois atores recebem dois cartões cada um com a encenação inicial e final. Os cartões são mostrados um ao outro e ao diretor-professor. Não há tempo para a preparação.

Os atores criam as encenações um após o outro, construindo assim o argumento da cena. E se movem juntos para as suas posições finais. Mas a transição de uma encenação a outra só ocorre ao sinal do diretor. O tempo, o ritmo de evolução das cenas, as pausas e a relevância dos eventos dependem dele. Então, trabalhando juntos, os atores e o diretor criam uma cena.

Exercício

Cartões: Agindo Conforme a Situação

Preparem duas pilhas de cartões. Em uma pilha, são descritas situações; na outra, tarefas e ações. Usando os cartões, dois atores devem realizar um exercício. Um ator pega um cartão da primeira pilha; o outro, da segunda pilha. Assim, um ator conhece apenas as situações enquanto o outro conhece a tarefa e a ação, mas eles não devem mostrar os seus cartões um ao outro.

Praticamente não há tempo para preparar nada. Os atores devem compreender a tarefa do parceiro, mas antes de tudo eles têm que criar um território comum da interpretação, a qual explicará tudo. Após a compreensão mútua, os atores decidem como irão realizar esta ou aquela ação em conjunto. Exemplos de situações: em uma arena de circo; em uma névoa espessa; em um lago congelado; em estado de glória etc. Ações: convencer o parceiro a se converter ao islamismo; protegê-lo de uma tempestade que se aproxima; propor a si mesmo assumir a liderança etc.

VARIAÇÃO

Esses exercícios com os cartões podem ser facilmente utilizados pelo diretor para a preparação de cenas específicas.
Deve-se formular a tarefa de modo variado e inteligível, para que ela ajude os atores a descobrir sozinhos novos detalhes na cena.

Muitas vezes eu observo os atores durante o treinamento como se olhasse pássaros voando em debandada. Nem todos eles têm talento para voar juntos. O voo de um pássaro solitário é bonito, mas o voo de pássaros em bando é mágico. O movimento sincronizado de centenas me fascina pela magia da comunicação e dos acordos invisíveis. Ninguém explica nada a eles; ninguém os guia. Eles o fazem por conta própria. É bonito. Provavelmente todas as pessoas no mundo e os atores no palco se comuniquem da mesma forma e graças a um propósito supremo. Mas não estamos conseguindo. Talvez soubéssemos fazer isso antes, mas esquecemos agora?

Um tempo atrás, cheguei à conclusão de que uma das atividades mais úteis para as pessoas que estudam os segredos da arte é a observação e a análise do trabalho das abelhas ou das formigas. Tentem ver no microscópio e observar o movimento fascinante dos micróbios de acordo com leis desconhecidas para nós. E o assustador movimento de um cardume à beira-mar, junto a nossos pés... O que poderia ser mais fascinante ou educativo? Possivelmente aí reside um dos segredos da arte da vida.

Estou convencido de que o *ensemble* é a forma mais elevada de comunicação de tudo que vive na natureza. O movimento mágico da multidão como um todo pode transmitir qualquer coisa: a energia, o estado emocional, a atmosfera e, o mais importante, um olhar para o significado supremo de nossa existência. Às vezes, esse significado surge por um momento e depois desaparece novamente, como um divertido jogo de esconde-esconde. Ele continua a escapar de nós, e nós realmente não queremos perdê-lo de vista por muito tempo.

Exercício

Começar Juntos

Ao primeiro sinal do diretor-professor, comecem a andar livremente pela sala; ao segundo sinal, detenham-se. Continuem a alternar essas duas ações durante 2 ou 3 minutos.

- O diretor-professor só dá o sinal para parar, mas todo o grupo deve decidir independentemente o momento de início do movimento. Comecem todos juntos, como uma só pessoa. Cheguem a um acordo sem palavras ou sinais. Percebam a si mesmos e aos outros como um todo. Ouçam a respiração geral do grupo para captar a onda e começar o movimento.

- O diretor-professor dá o sinal para o início do movimento, mas o grupo decide o momento de parar. Será muito mais difícil chegar a um acordo para deter-se ao mesmo tempo.

- Realizem o exercício sozinhos, cheguem a um acordo entre vocês, comecem todos juntos e, depois de um tempo, detenham-se juntos, sem nenhuma ordem externa. Tudo de forma independente e de comum acordo entre o grupo.

Apontamentos

Outono em Estocolmo. Eles não veem nem escutam. É ridículo e absurdo exigir que se transformem em um conjunto de artistas, assim como não se pode exigir que o caracol rasteje para fora de sua concha. É preciso criar as condições. A vida se organiza, não somos nós que a organizamos, como nos parece às vezes. Será que toda a ideia de arte se resume ao fato de que a própria natureza se organiza e que a obra de arte se realiza por si só? É melhor não interferir. Simplesmente criar as condições em que a vida pode surgir. Isso é suficiente. Criar o meio em que a obra de arte pode nascer.

Hoje conversei com os atores suecos sobre o significado e o objetivo da profissão de diretor-professor. Gostei do resultado. É falta de modéstia, mas eu realmente gostei. Para ser mais preciso, melhorou meu humor. Estou aqui sentado sozinho e lembrando disso com prazer. E anotando algumas coisas. Eu falava sobre a profissão de diretor e refletia sobre minha própria jornada. No início, dediquei-me no teatro à organização da parte visual do palco, construindo todos os tipos de efeitos, truques etc.; esse foi um começo natural para um jovem diretor. A vida ao meu redor.

Então, cada vez mais me interessava o problema da minha própria vida e a materialização de atitudes pessoais no palco. Eu organizava meu próprio mundo e queria que outras pessoas vivessem nele. Mas elas nem sempre podiam ou nem sempre queriam. No entanto, esse era o próximo passo na minha vida.

Outro nível da profissão, mais difícil, começou quando tomei consciência da profissão de diretor de cena como organizador da vida interna do homem. A vida alheia.

Mas, há muito pouco tempo, cheguei à conclusão de que não há necessidade de organizar a minha própria vida ou a de outra pessoa no palco. Nem a vida externa nem a interna, por mais que isso alimente a vaidade do diretor.

- *Então, qual é o significado dessa profissão? – perguntaram-me os atores.*

- *Acredito que seja criar as condições para o surgimento da vida – respondi – e, em seguida, somente observá-la e mantê--la tal como ela é.*

A missão do diretor é criar um clima especial para o nascimento de novos brotos e um clima favorável para que eles cresçam. Que as folhas brotem sozinhas e que a alma corra como uma criança. Vocês acham que é fácil organizar a primavera? Fazer com que todos acreditem que podem começar de novo e correr sem saber para onde estão indo? Não, isso não é fácil, mas creio que nisso esteja a essência da profissão de diretor: organizar a primavera.

Com isso, terminei minha palestra e estava satisfeito comigo mesmo. Então caminhei sozinho até o hotel, sob a chuva de novembro, e pensei com tristeza: se eu encontrasse um amigo da escola e ele me contasse as realizações da sua vida e, ao se despedir, me perguntasse: "E você, o que fez?" O que eu diria a ele? "Eu estava organizando a primavera?"

Exercício

A Coluna

Organizem-se em um grupo e se abracem o mais apertado possível pelas costas, formando uma grande coluna. Agora fechem os olhos e estiquem-se para cima na ponta dos pés. Depois de estabelecer a vertical, balancem ligeiramente para verificar a estabilidade da coluna. Não se movam do lugar e ajudem uns aos outros a manter o equilíbrio. Peçam para alguém balançar a coluna e verificar sua firmeza e estabilidade.

O treinamento desempenha um grande papel no processo de formação do *ensemble*. O treinamento é um método para resolver problemas não só profissionais como também humanos. Com base em um sistema de ética, o treinamento pode unir parceiros com facilidade e reconciliar inimigos. Todo o treinamento deve ser rigorosamente pautado pela ética. Caso contrário, o desenvolvimento das capacidades e técnicas dos atores interrompe a orientação espiritual do ator. O nível de espiritualidade deve estar acima do nível das possibilidades técnicas e profissionais do ator. Basta lembrar as lições de Esparta, onde havia um costume segundo o qual uma criança que nasceu fraca e doente era atirada ao mar de um penhasco. Para viver em Esparta, eram selecionadas apenas as melhores crianças. Isso era feito para preservar uma linhagem saudável. Como resultado, Esparta pereceu devido à degeneração espiritual.

Os exercícios do treinamento unem os atores não só para o palco como também para os seus relacionamentos cotidianos. Em seu arsenal, o professor ou diretor deve incluir uma série de exercícios para a unidade do *ensemble*, para o bom entendimento entre os atores, para um "acordo mútuo", para o fortalecimento das relações, para a liderança e a submissão. Tais exercícios devem ser aplicados em projetos internacionais multilinguísticos, que são mais frequentes na Europa. A diferença de culturas e tradições é maravilhosa, mas também carrega divergências éticas baseadas na cultura, em níveis de instrução e em outros parâmetros. Graças à minha experiência de trabalho com grupos internacionais, posso dizer que a euforia inicial de "como somos diferentes" desaparece duas ou três semanas depois e então surgem enormes fissuras nas relações entre as pessoas e, já com outra entonação, se ouve: "Somos tão diferentes!"

Na prática teatral contemporânea, que se baseia principalmente em projetos, é muito raro encontrar um grupo de atores que corresponda ao conceito de *ensemble*. Creio que o problema da união de atores em um só *ensemble* seja, talvez, um dos mais importantes para qualquer forma de produção teatral.

O treinamento ajuda a resolver muitos problemas, não só de técnica como também de ética. Eu trabalhei isso detalhadamente durante meu trabalho com atores de diversos países em projetos variados. No início de um grande projeto internacional, lembro-me de passar uma semana em treinamento com os atores, trabalhando com exercícios especiais sobre os hábitos elementares das inter-relações do *ensemble*. A bem conhecida habilidade dos atores para a comunicação, a sua abertura, o seu humor e a forma de se conduzir em grupo não têm nenhuma relação com o trabalho no palco. Eu conheci o individualismo mais recalcitrante e obtuso, no pior sentido da palavra, quando ninguém olhava, ouvia ou prestava atenção em ninguém. Então decidi continuar o treinamento até que eles compreendessem o que é um *ensemble* e como ele "funciona". Não falei com os atores, porque eu não queria interferir nem regular as relações entre eles. Por isso, muitas vezes acabava saindo da sala, deixando-os sem diretor: eles tinham que se entender sozinhos. Mas essa tática não ajudou; surgiam infinitas discussões entre eles, disputas e até brigas. Eu vi que nada mudaria. Se continuasse assim, o projeto tomaria a direção errada desde o início, com relações terríveis dentro do grupo. Então comecei a trabalhar com eles em silêncio durante o treinamento, utilizando exercícios silenciosos. Eu me calava e isso era tudo. No início, era um silêncio pesado, mas em 1 ou 2 dias se converteu em silêncio entre os companheiros; em seguida, entre pessoas que partilhavam das mesmas crenças; e, finalmente, entre amigos que se compreendiam com meias palavras. Desde então, prefiro realizar o treinamento com o mínimo gasto de tempo em explicações e discussões. A tarefa é explicada apenas uma vez. Se algo não está claro para alguém, está claro para outra pessoa. Ajudem uns aos outros; estendam a mão àqueles que estão atrasados. Todas as nebulosidades se dissiparão durante o trabalho. É assim que um *ensemble* deve funcionar.

Exercício

O Diâmetro do Círculo

Todo o grupo deve formar o maior círculo possível, virado para o centro. Cada um deve traçar mentalmente uma linha reta do ponto em que se encontra, passando pelo centro, até o ponto diametralmente oposto. Essa é a linha do seu percurso. Não se pode abandoná-la. Comecem a caminhar por ela simultaneamente e com a mesma velocidade. É proibido parar. Vocês têm aproximadamente 30 segundos para fazer isso. A tarefa poderá ser considerada finalizada quando todos os participantes se encontrarem na parte oposta, sem romper a forma do círculo. Mas, se todos se moverem ao mesmo tempo e com a mesma velocidade, inevitavelmente haverá uma colisão no centro. Esse é o momento fundamental da tarefa. Com um acordo em silêncio, decidam como "desenredar-se" e como ajudar o grupo.

Vocês podem introduzir complementos para variar o exercício. Por exemplo: realizá-lo com os olhos fechados; encurtar o tempo da tarefa; deixar os atores abrirem caminho com a ajuda de velas no escuro. O perigo das chamas e a mão ocupada criarão novos desafios que vocês terão que resolver juntos.

Entrevista ao
Jornal Croata *Dalmácia Livre*

"Sete vezes *eu*". Em russo, isso soa como *semyá*, que significa "família". É assim que eu entendo o *ensemble*: como uma família teatral.

– Como é que ocorre a união desses "eus" no teatro, se até nas famílias comuns se observa uma crise constante?

– Não sou especialista em problemas familiares, mas acho que em nossa arte esse é o problema principal. Se não resolvê-lo, não haverá teatro nem laboratório nem escola de teatro. Assim, só restaria um grupo de pessoas unidas por uma profissão em comum. Um sindicato, ou melhor, uma sociedade com responsabilidade limitada.

As tentativas de se unir somente com base nas realidades cotidianas estão condenadas ao fracasso. Não se pode esperar dos participantes do *ensemble* uma carga psicológica de suas preocupações mesquinhas e encargos da vida. Nada resultará disso. É necessária uma ideia unificadora. Não uma ideia em comum, mas unificadora. E de grande arte.

Por exemplo, o sol unificou todos os seres vivos. Não é óbvio que teria sido impossível fazer isso sob um princípio horizontal. Necessariamente deveria haver uma unificação superior.

É mais fácil unificar "lá" ↑ do que aqui. Se a luz vem de cima, ela reúne todo mundo. Assim, somente o "acima" criará o conjunto; o "abaixo", jamais. Costumo dizer a meus alunos que é muito mais fácil encontrar o que separa as pessoas, e muito mais difícil encontrar aquilo que verdadeiramente nos une. Por exemplo, uma linda e jovem estudante da Dinamarca está sentada à minha frente. Quantas diferenças entre nós! Mulher-homem, juventude--velhice, inexperiência-profissionalismo, cultura ocidental-cultura russa, estudante-professor, diferentes línguas, diferentes paixões e uma infinidade de coisas que nos separam. Parece que tudo entre nós está construído sobre a contradição e o conflito. Mas há algo que nos une: vivemos sob o mesmo sol, e tudo o que acontece nessa estrela nos inquieta; temos uma Terra em comum e solucionamos problemas comuns, relacionados à vida no planeta; estamos unidos pelo amor ao teatro, pelos valores universais, pela cultura, pela ciência, por Tolstói, Goethe, Andersen, pela música e pela poesia. Tudo aquilo que é elevado e eterno nos une com muito mais força do que aquilo que nos separa. Durante muito tempo, buscou-se criar um conflito no palco. Conflito por qualquer motivo. E o que vemos agora? Verifica-se que o palco tornou-se um lugar de pessoas em conflito, ninguém presta atenção em ninguém e não se aceita a opinião alheia. Imediatamente é: "Não!" Um teatro de escândalos e intrigas por qualquer motivo me irrita. Eu acho que precisamos aprender a construir acordos no palco, construir harmonia e pactos para buscar os caminhos que unem as pessoas, e que não nos coloquem em lados diferentes das barricadas. Um *ensemble* no teatro é um *ensemble* na vida.

Exercício

O Monstro Multibraços e Multipernas

Primeiro, determinem o número de membros que este monstro imaginário terá. Por exemplo: se em seu grupo há 6 atores, então serão 12 braços e 12 pernas, isto é, 24 membros. Partindo desse número, deve-se formular a tarefa para a quantidade de braços e pernas do monstro. Um exemplo de tarefa: 18 pernas + 2 braços ou 4 pernas + 20 braços ou 7 pernas + 13 braços. As "pernas" são qualquer membro que toca o chão; os "braços" são os que não têm qualquer contato com o chão.

Sem discutir isso previamente, reúnam-se com todo o grupo durante um determinado tempo, de tal maneira que o monstro fique com a quantidade certa de membros.

Exercício

O Nó Górdio

Fiquem bem próximos uns dos outros e estiquem os braços para cima. Fechem os olhos e encontrem a palma da mão de outro ator. Uma das mãos deve juntar-se com outra

mão para que todas as mãos fiquem unidas em pares. Agora abram os olhos e vejam de que forma elaborada e enredada as suas mãos se uniram. Em seguida, durante um tempo limitado, desatem esse nó e formem um círculo. Esse exercício é simples assim.

Apontamentos

Os diretores e os atores adoram construir composições simétricas. Em uma composição simétrica, tudo está disposto como em um espelho em relação ao eixo central da peça, à palavra central do monólogo, ao episódio central da cena. Os atores realistas adoram simetria; eles partem da realidade da natureza, rica em formas simétricas: a forma humana, uma borboleta, flocos de neve, uma flor. Esses são os seus argumentos. Mas as composições simétricas de uma personagem ou de uma peça são muito estáticas. Esta é a lei: quando tudo está em equilíbrio, a vida fica estagnada. Havia um diretor muito famoso (não vou mencionar seu nome). Ele traçava uma linha com giz no centro do palco e, a partir desse eixo, construía encenações para suas cenas épicas. Essas composições transmitiam a grandeza, a indestrutibilidade, a estabilidade e a solenidade do evento e eram muito apreciadas pelo Estado soviético e seu partido. O equilíbrio perfeito de suas produções era conseguido graças ao conteúdo, ao esplendor emocional das cenas, à força das personagens, à tensão da cena, à luz, à música etc. Em meus anos de estudante, tentei aprender a pensar de forma simétrica. Mas, com o passar dos anos, percebi que isso é insuportavelmente chato. Coloquem uma cadeira no palco; em seguida, coloquem outra. Se elas forem colocadas sobre um eixo ou em lados opostos do eixo, à mesma distância, será uma encenação morta, imóvel; tudo já está pronto. Tudo o que é em par, idêntico e equilibrado leva ao apagamento da ação da peça. Tudo o que é único, humilde ou sublime, ímpar, desequilibrado ou ilógico leva à dinâmica da ação. A composição desequilibrada é a filosofia e a perspectiva da arte oriental. Nela, raramente se encontra equilíbrio. Lembro-me de Bashō:

> *Na minha frente,*
> *Quatro vasos simples.*
> *Olho para as flores, sozinho.*

Exercício

Simetria

Para criar composições assimétricas, comecemos com o estudo de esquemas simétricos simples. Para esse exemplo, formem dois grupos de cinco pessoas. O grupo 1 cria algum tipo de encenação, mas o grupo 2 não pode ver. Após um sinal, o grupo 2 tem de 10 a 20 segundos para completar a encenação, de modo que ela fique simétrica.

Após realizarem essa ação, os atores do grupo 2 devem propor uma tarefa semelhante ao grupo 1.

Durante a realização do exercício, vocês podem dar conselhos uns aos outros ou mesmo nomear um "diretor", porém mais adiante devem renunciar a ele.

Antes de tudo, aprendam a estabelecer um acordo rapidamente sobre a principal lei da construção: o eixo de simetria. Pode haver muitas variações de solução.

Composição inicial do grupo 1.
Composição final do grupo 2.
Eixo básico da composição.

первое
дело
определить
закон,
построение,
то-есть
симметрию
Ось!!

другая ось —
другая
композиция.

VARIAÇÃO 1

É recomendável que os grupos tenham diferentes números de participantes: de cinco e de oito pessoas. No desenho a seguir, o eixo principal é realizado pelos atores do grupo maior, e o grupo 2 está fora dos limites da composição proposta.

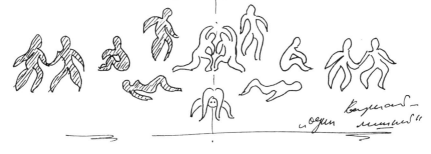

VARIAÇÃO 2

Construam, conjuntamente, entre os dois grupos uma encenação simétrica. Agora, os atores de um grupo devem "romper" aleatoriamente a simetria. O segundo grupo, após se reorganizar, deve restaurar a simetria. Depois invertam os papéis: o grupo 2 rompe a simetria e o grupo 1 deve restabelecê-la.

VARIAÇÃO 3

Um dos atores tenta se libertar, saindo do padrão simétrico. Quando consegue, todo o grupo muda a composição, de tal modo que inclua novamente o "fugitivo".

VARIAÇÃO 4

Agora o oposto: o grupo exclui constantemente um dos atores do desenho geral. Construam uma nova composição simétrica de modo que esse participante fique fora dela. A tarefa do ator é entrar na nova composição sem destruir a simetria.

VARIAÇÃO 5

O grupo deve propor uma encenação inicial que contenha um argumento oculto. O segundo grupo deve não somente adivinhar a lei da composição como também detectar o rumo do argumento, seu desenvolvimento e estilo. Para essa tarefa, utilizem as obras de pintores famosos.

VARIAÇÃO 6

De acordo com o entendimento de vocês, realizem uma série de encenações que corresponda ao início, ao ápice e ao desenvolvimento da cena em que estão trabalhando.

Apontamentos

Como posicionar os atores no palco? É preciso construir a encenação do futuro. Em outras palavras, nas inter-relações (isso também é uma encenação) e na disposição de seus corpos não deve haver registro do passado ou fixação do presente, mas a perspectiva do futuro. Deve-se desenvolver o próximo movimento da personagem e não mitigar seu movimento. Esse tipo de encenação é como uma pausa antes da ação. Temos de forçar o espectador a ver não o que está acontecendo agora, mas o que acontecerá ou poderá acontecer em um futuro próximo ou distante. Ele deve pressentir como a ação se desenvolverá em seguida. É importante que o ator também sintonize o curso de seus pensamentos para frente. O texto ainda está sendo dito, mas a encenação já existe.

Exercício

O Revezamento da Ação

Os atores do *ensemble* devem se entender rapidamente; só então poderão compartilhar um acordo. Um ator escolhe um cartão no qual está anotada uma ação específica. Todos os atores, exceto ele, fecham os olhos. O professor chama à cena um segundo ator. Este observa, enquanto o primeiro ator retrata o significado da ação como lhe aprouver. Seu tempo é de 15 a 30 segundos. Quando o tempo acaba, o próximo participante é chamado; agora o segundo ator lhe transmite a essência da ação. Assim, revezando-se, os atores descrevem uns aos outros o conteúdo da tarefa do cartão. O último deve nomear a tarefa.

VARIAÇÃO

Este exercício é realizado em forma de jogo entre duas equipes. Todos os membros de uma equipe saem da sala, com exceção de um ator, que recebe a tarefa da equipe adversária. A tarefa consiste em mostrar, sem palavras, o lugar da ação, a profissão da personagem, o tempo da ação e o tema da ação de uma peça bem conhecida.

Tomemos, por exemplo, esta tarefa: *As Três Irmãs*, Solioni, Ato I.

- O lugar da ação: o ator deve mostrar uma casa de província.
- A profissão da personagem: um militar.
- O tempo da ação: maio ou um aniversário.
- Um objeto que a personagem utiliza ou menciona na cena: um frasco de perfume nas mãos de Solioni.

A tarefa do ator é transmitir a informação aos seus colegas por meio da atuação, de modo que eles possam adivinhar a peça em questão, a cena e a personagem. Ele chama um ator de sua equipe e, de acordo com o seu entendimento e sua imaginação, mostra o lugar da ação, a profissão, o tempo da ação e o objeto. Quando a informação é transmitida, o próximo membro da equipe é chamado e assim sucessivamente. Não se pode usar palavras nem interagir diretamente com o colega. Uma condição muito importante: o ator que recebe a informação deve estar próximo do ator que a transmite e deve repetir com precisão o que acabou de ver. É importante que, no processo de repetição, o ator compreenda o que está repetindo.

Quando o último ator fizer o mesmo que seus companheiros de equipe fizeram, ele deve nomear o lugar, a profissão, o tempo e o tema da ação e, consequentemente, a peça, a cena e a personagem.

O tempo para cada interpretação é limitado: é N = 1 minuto, em que N é o número de participantes.

Conversa Com Diretores. Berlim

O *ensemble* não funciona. Por quê?

- Há muitos estados de ânimos individuais.
- Não há um acordo claro.
- Não existe a busca de um caminho em comum.
- Há insistência em compreensões pessoais.
- Há diferentes categorias de atores.

Eu me enganava ao pensar que uma pessoa pode criar um *ensemble*. Naturalmente, as ideias têm um valor decisivo, mas o próprio *ensemble* constrói o *ensemble*. Ele é um organismo que se auto-organiza. Não há líder, vocês precisam fazer tudo sozinhos.

Com relação aos princípios da construção, eles dependem principalmente do que está sendo criado. É importante lembrar o seguinte: não se pode construir um organismo morto. A estrutura do conjunto deve ser móvel e viva. Eu compreendi isso ao estudar a cultura japonesa. Os japoneses se comunicam com as pedras como se elas fossem seres vivos. Existe um desejo: "Que a sua vida dure tanto que um seixo cresça em uma rocha e seja coberto de musgo!" Se as pedras podem crescer, significa que elas estão vivas no Japão?

Exercício

A Pena e a Tinta

Comecem andando pela sala. Em seguida, sem deixar de caminhar, formem um grande círculo e depois o transformem em um quadrado. Sem parar, transformem o quadrado em triângulo e assim, reorganizando-se constantemente, formem com todo o grupo diferentes figuras geométricas.

Aprendam a fazer isso sem estabelecer um acordo prévio sobre o resultado esperado. A ideia de uma figura ou de outra deve surgir e ser realizada durante o desenvolvimento do próprio exercício, por meio de um acordo tácito entre os participantes.

Depois de aprender a fazer figuras, será fácil começar a escrever letras, palavras e sinais. Por exemplo, as encenações do famoso espetáculo A Lamentação de Jeremias, da Escola de Arte Dramática de Moscou, foram criadas com base nesse exercício. Assim, de um exercício do treinamento pode surgir a forma plástica de um espetáculo.

VARIAÇÃO 1

Alinhem-se um atrás do outro, coloquem as mãos nos ombros da pessoa da frente e fechem os olhos. O ator que está em primeiro lugar começa a se mover pelo espaço com os olhos abertos e os outros o seguem como uma serpente. O primeiro ator "escreve" uma letra ou palavra com a linha do movimento da serpente; os outros devem compreender e responder ao que foi escrito. Em seguida, troquem o líder e repitam o exercício. Prestem especial atenção às curvas, uma vez que são elas que formam as letras.

VARIAÇÃO 2

Duas equipes competem para ver quem adivinhará primeiro a palavra escrita. Uma equipe escreve no espaço, a outra adivinha. Em seguida, o contrário.

VARIAÇÃO 3

A equipe deve adivinhar a palavra pela primeira letra e, em seguida, "escrevê-la". Por exemplo: uma palavra do léxico teatral que começa com A e tem seis letras.

Todas as variações devem ser realizadas por meio de acordos tácitos.

Exercício

A Parábola dos Cegos, de Brueghel, o Velho

Este exercício deve ser realizado com dois assistentes. Caminhem pela sala, estabelecendo uma velocidade e um tipo de movimento adequados para vocês.

A um sinal do diretor-professor, fechem os olhos; após outro sinal, abram os olhos. Não interrompam o movimento nem alterem o seu ritmo. O fato de ter os olhos fechados não deve refletir no tipo de deslocamento. Prevejam o caminho. Tentem visualizá-lo com a visão interna.

Olhos abertos, um segundo; olhos fechados, 10 segundos. Tentem caminhar com os olhos fechados o máximo que puderem. Se não conseguirem imediatamente, não parem. Continuem. Vocês só precisam de tempo e então o medo desaparecerá.

VARIAÇÃO 1
Sem abrir os olhos, unam-se em pares, de tal forma que um seja o guia e o outro, o guiado,

que deverá colocar as mãos nos ombros do parceiro. Durante essa tarefa, ocorrerá uma redistribuição da carga psíquica e física. Caminhem assim, em pares, durante 3 ou 4 minutos. Em seguida, troquem os papéis.

Com esse mesmo princípio, unam-se em grupos de quatro ou seis pessoas. Após algum tempo, juntem-se todos em uma linha-serpente e caminhem pela sala, guiados por um líder, isto é, por quem está no início da fila. A dificuldade do caminho depende de sua audácia e imaginação. Troquem de líder a cada 15 segundos para que todos possam experimentar esse papel.

VARIAÇÃO 2

Quando os atores se acostumarem a participar dessa cena de Bruegel, o diretor-professor deverá romper a cadeia de modo que cada um fique sozinho novamente. Após 1 ou 2 minutos, os atores devem formar novamente uma cadeia com base em uma determinada sequência. Por exemplo, em ordem alfabética, por estatura ou de alguma outra forma.

Entrevista à Revista Alemã
Theater der Zeit

– Quanto tempo dura um *ensemble*?

– Um tempo muito curto. Quando eu era jovem e fazia essa pergunta, os atores teatrais mais velhos geralmente respondiam que durava de 2 a 5 anos. Creio que ainda hoje essa duração seja irreal. Um *ensemble* é criado, vive por um tempo e depois morre. Ele é um organismo vivo. É doloroso quando morre, mas não é assustador. O que é assustador é quando ele atua, mas já está morto.

Nas últimas décadas, foram famosos os *ensembles* de Jerzy Grotowski, Peter Brook, Eugenio Barba, Peter Stein e Anatoli Vasiliev. Os atores atuavam lindamente. Havia lendas sobre eles. E onde estão agora? Tudo começa de novo. E assim sempre será. A pedra não quer estar no topo, ela rola para baixo. E quanto mais ela sobe, com mais estrépito cai.

– Então vale a pena levantá-la de novo? Será que precisamos desse trabalho de Sísifo? Apenas por um instante?

– Mas a felicidade dura mais que isso? Ainda que seja por um instante, nós ainda devemos. No final, há flores que florescem apenas por um dia. E borboletas que voam apenas por uma noite.

Exercício

Os Tecelões

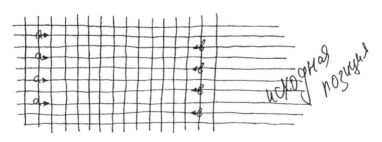

Dividam-se em dois grupos iguais e organizem-se em duas linhas, uma de frente para a outra, a uma distância de 7 a 9 metros. À esquerda e à direita de cada participante, deve haver uma distância suficiente para uma pessoa passar.

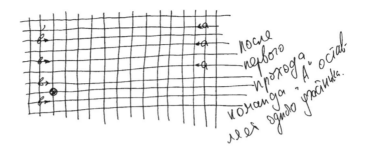

Agora, essas duas linhas se movem simultaneamente em direção uma da outra, como se estivessem penteando o espaço.
É como uma lançadeira que, ao percorrer a superfície de um futuro tapete, deixa sobre ela um nó. Assim, cada linha deve, por turnos, deixar um ator no espaço, como se fosse o detalhe de um futuro ornamento.

O objetivo dos dois grupos é criar coletivamente um desenho, como resultado dos movimentos da "lançadeira".

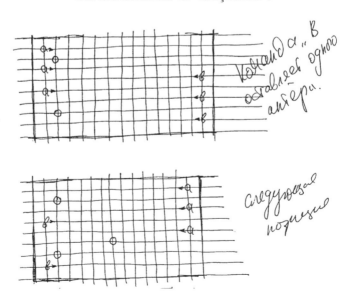

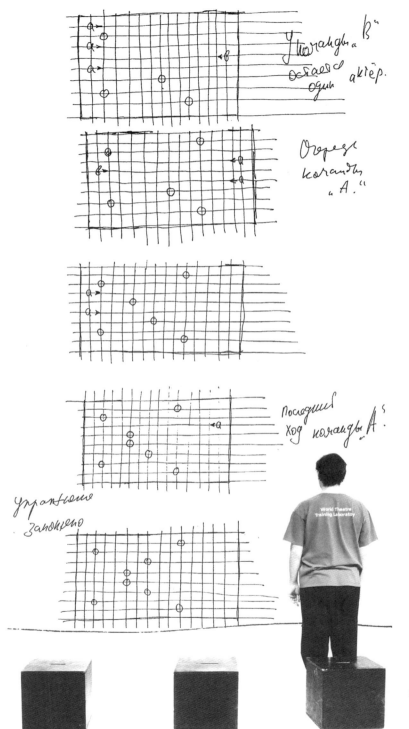

Todos os participantes devem ver e compreender o que se está tecendo.

Apontamentos

A *arte da* ikebana, *arranjos florais japoneses, é mais surpreendente do que a beleza das flores em si. Ao olhar a composição, você não pensa na forma das flores ou nas cores, mas em como se formou com elas um mundo único, construído sobre relações quase invisíveis.*

O principal não é a quantidade de flores nem sequer a singularidade de cada uma delas. A composição atrai pelas nuances de suas relações. O buquê, formado de acordo com as leis da ikebana, *sempre expressa a estação do ano e o local de sua criação, os sinais vivos do tempo, do humor e do estado anímico de uma pessoa. Acho que o "arranjo floral" de um* ensemble *de teatro deve ser formado de acordo com essas mesmas leis.*

Exercício

Do 0 ao 10

Imaginem que cada um de vocês é um carro com uma caixa de transmissões composta por dez velocidades. Comecem o movimento com uma velocidade 0, isto é, com uma pausa; em seguida, ao sinal do diretor-professor, comecem a andar com a velocidade 1, a mais baixa; depois aumentem para 2, 3 etc., até finalmente chegar a 10, a máxima. Em seguida, comecem a reduzir a velocidade: 9, 8 etc., até chegar a 0.

VARIAÇÃO
Realizem o exercício de 0 a 10 e em sentido contrário, passando de uma velocidade para

outra, todos ao mesmo tempo e sem os sinais
do diretor-professor, estabelecendo entre
vocês o momento de mudança da velocidade.

Da Aplicação do Trabalho
nas Escolas Teatrais da Alemanha

BIOGRAFIA CRIATIVA

Honestamente, pela primeira vez sinto que estou cansado e não sei
o motivo. Eu me dedico ao teatro desde que me entendo por gente.

Meu primeiro teatro foi debaixo de uma mesa. Meus primeiros
atores foram os frasquinhos de perfume da minha mãe. Um cober-
tor verde-escuro com manchas de queimadura de ferro servia de
cortina. Quando ela levantava, vinha do palco, lenta e misteriosa-
mente, o aroma do perfume Krasnaya Moskva (Moscou Vermelho).
Era maravilhoso. Eu amava o meu teatro. Especialmente quando
a cortina se abria.

Durante toda a minha vida, tenho esperado que a cortina se abra e
me envolva em uma nuvem aromática de perfumes maravilhosos.
Mas, por alguma razão, isso não ocorre e, às vezes, tenho dúvidas
se meu teatro existiu realmente.

Talvez eu tenha cansado de esperar?

Exercício
10-5-0

Estabeleçam para todos os participantes
uma única velocidade, a 5, isto é, a média
em seu sistema de velocidades. Ao sinal do
diretor-professor, comecem a caminhar nessa

velocidade. Em seguida, após o sinal seguinte, alguns atores devem trocá-la por uma maior, a 6; e outros, por uma menor, a 4. Decidam quem vai acelerar e quem vai desacelerar. Dessa forma, os participantes se dividirão em dois subgrupos: A e B. Ao sinal seguinte, o subgrupo A deve alterar a velocidade de 6 para 7, enquanto o subgrupo B deve mudar de 4 para 3. Continuem assim, após cada sinal, aumentando a velocidade em um dos subgrupos e reduzindo no outro. Façam esse exercício até que o subgrupo A atinja a velocidade máxima de 10 e o subgrupo B pare em 0. Depois disso, mudem tudo: os de velocidade máxima devem reduzir até 0 e os outros devem aumentá-la. Após alcançar os pontos extremos, mudem novamente o curso do movimento e terminem o exercício juntos na velocidade 5.

VARIAÇÃO

Realizem esta tarefa estabelecendo um acordo: todos devem caminhar ao mesmo tempo na velocidade 5. Concordando entre vocês, realizem todas as mudanças de velocidade e terminem o exercício juntos. Tudo isso sem quaisquer sinais do diretor-professor. Em geral, tentem realizar os exercícios sem ordens externas. Aprendam a chegar a um acordo entre vocês sem utilizar palavras.

Prestem atenção à energia que surge por conta da resistência, fenômeno segundo o qual uma parte dos atores se move "para cima" e a outra se move "para baixo". Isso permite captar a natureza da atuação "contra a corrente". Por outro lado, a atuação "a favor da corrente" nunca proporciona energia. Tomem dois movimentos em direções opostas e sentirão imediatamente um influxo de energia.

Da Aplicação do Trabalho nas Escolas Teatrais da Alemanha

BIOGRAFIA CRIATIVA (CONTINUAÇÃO)

Meu pai, um homem inteligente, bondoso e talentoso, trabalhou como o principal cenógrafo de um teatro. No topo, sob o telhado do teatro, ele tinha um minúsculo ateliê, onde ficavam as maquetes de todos os tipos de espetáculos, nas quais ele, com um rosto muito sério, mudava algumas caixinhas de lugar, pendurava pedacinhos de tecido, feliz como uma criança. E, atrás da janela, as pombas cantavam o dia inteiro.

Eu não me lembro de tê-lo visto desenhar com caneta. Sempre a lápis. Sobre bilhetes de bonde, capas de revistas e embalagens de doces. Um dia, ele fez um esboço da cenografia do meu espetáculo em uma caixa de fósforos. Fiquei indignado e gritei com ele.

Todas as manhãs, ele subia uma escada íngreme de madeira até o seu "pombal" e parava em cada lance de escadas e, com a idade, em cada degrau. Mas não acho que parava devido ao cansaço, mas porque surgia uma nova ideia e ele precisava pensar a respeito. A direção do teatro prometeu que lhe daria um ateliê grande e iluminado no segundo andar.

Ele esperou um longo tempo. Trinta anos.

Eles lhe deram.

Ele morreu.

Exercício

A Composição de Velocidades

Neste exercício, o movimento do grupo será definido previamente por uma composição de velocidades comum a todos. Por exemplo, comecem de repente com a velocidade 9; em seguida, mudem para a 4, desacelerem até 1 e, no final, novamente acelerem até 8. A composição de suas velocidades é 9-4-1-8. Se o princípio estiver claro, realizem este exercício com a orientação do diretor-professor e depois de forma independente, definindo entre vocês quando começar, quando alterar a velocidade e quando terminar.

VARIAÇÃO 1

A cada ator é dada uma composição individual de velocidades. As composições são diferentes, mas todas têm quatro partes. Vocês devem começar este exercício juntos e, ao mesmo tempo, realizar a mudança de parte, terminando o movimento sem quaisquer sinais do diretor-professor.

Para realizar a mudança de velocidade simultaneamente nesta variação, vocês precisarão conhecer bem não somente a sua própria composição como também a composição de seus colegas. Esse é o princípio do teatro de conjunto, no qual se estuda tanto o próprio papel como também o papel dos colegas; e os atores não interpretam sozinhos, mas todos juntos.

VARIAÇÃO 2

Agora, cada um deve criar a sua própria composição de quatro velocidades; comecem juntos, realizem as mudanças de velocidade e depois coloquem um ponto final ao mesmo tempo.

Nesta variação, vocês não conhecem as composições dos colegas, por isso o momento de troca de uma parte da composição por outra exigirá uma maior atenção para perceber as alterações mínimas na criação do conjunto. Vocês são livres para criar a sua composição de quatro partes e, obviamente, para realizar tudo o que desejarem em cada uma delas, isto é, correr como quiserem. Mas no momento de suas trocas, devem seguir as mesmas regras que todos os outros e realizar essas mudanças com precisão e junto com os demais. Esses pontos de união são os elementos mais importantes da atuação composicional de um *ensemble*. Eles representam os principais "eventos", sem os quais ninguém pode se mover depois. Evento = existência + coletividade[10]. É o que une todo o *ensemble* e determina a existência posterior de cada um.

VARIAÇÃO 3

Ao trabalhar em uma cena específica, pode-se designar determinadas velocidades aos atores. A participação deles na cena se expressa por meio das mudanças de velocidade.

---

10   Em russo, a palavra para "evento" é composta por *so*, que significa "compartilhado", e *bitie*, "existência". Assim, literalmente, um evento em russo é uma "existência compartilhada". (N. da T.)

Eles podem atuar tanto em grupo como separadamente, sem depender de ninguém. Os momentos mais importantes da cena são os eventos que unem por um instante todos os atores do *ensemble* antes que eles continuem o seu próprio movimento.

A tarefa para o grupo de atores que trabalha em uma única cena pode ser expressa da seguinte forma: estipula-se a composição do exercício. Suponhamos que a composição tenha quatro partes. Assim, cada ator decide independentemente em que "velocidade" vive cada uma dessas quatro partes da cena. Desse modo, constrói-se a linha de "velocidade" da personagem, por exemplo 4-9-0-5.

É fácil adicionar a essa atividade o exercício dos pontos energéticos, descritos no capítulo sobre energia[11]. Nessa variação, o que muda nos nós não é apenas a velocidade como também a qualidade da energia.

Este pode ser o aspecto da composição da cena:

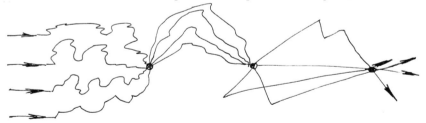

Essa variação é útil para desenvolver a habilidade de combinar, de forma lógica, a atuação individual e a do *ensemble*, de coexistir livremente e, ao mesmo tempo,

---

11 Ver o exercício "A Batalha dos Pontos Energéticos" no capítulo 4, p. 149-150. (N. da T.)

obedecer a uma ordem estrita. Se o ator viver somente em um regime livre, sem obrigações para com as leis da composição, o movimento não terá direção. Por outro lado, não se pode esperar uma interpretação viva de um ator sufocado por regras estritas. Assim, tudo consiste em encontrar harmonia entre a liberdade e a necessidade de cumprir as leis.

Da Aplicação do Trabalho nas Escolas Teatrais da Alemanha

BIOGRAFIA CRIATIVA (CONTINUAÇÃO)

Minha mãe trabalhou como atriz no teatro e é por isso que eu mal a conhecia.

Em seguida, ela se dedicou ao ensino e, a seu redor, sempre havia muitos jovens talentosos. Nos teatros, sempre há atores que se comportam de uma maneira muito fria, quando você não lhes oferece um papel em seu próximo espetáculo. Também acontecia isso em nossos teatros. Arkádina e Tréplev é uma história comum.

Um dia depois do enterro de minha mãe, bebi vinho sobre seu túmulo com seus ex-alunos, hoje atores famosos. Eles a chamavam de mãe. Isso era estranho para mim. À noite, li resenhas sobre seus espetáculos em periódicos velhos, amarelados pelo tempo; decifrei com dificuldade as anotações nos programas de teatro, descobri suas cartas não enviadas, os relatos, os poemas não publicados, e compreendi que ela estava se preparando para um papel completamente diferente em sua vida. Antes isso não me interessava nem um pouco, mas naquele momento era tarde demais.

Agora entendo que, em uma análise de A *Gaivota*, Tréplev necessariamente deve amar Arkádina.

Exercício

Mudança de Velocidades e de Parceiros

Deve-se propor aos atores uma única composição que tenha quatro velocidades. Em cada uma delas, eles devem encontrar um novo parceiro.

Após a ordem do professor, comecem o movimento com a primeira velocidade e, ao mesmo tempo, encontrem o primeiro parceiro. Ao sinal do professor, juntem-se ao parceiro. Após o sinal seguinte, vocês começam o movimento com a segunda velocidade e procuram um novo parceiro. Um encontro, uma nova velocidade, um novo parceiro, um encontro... e assim por diante até o fim.

VARIAÇÃO 1

Realizem esse exercício sem os comandos do professor, de comum acordo.

VARIAÇÃO 2

Cada ator tem uma composição individual de velocidade. O exercício é realizado sem a orientação do diretor-professor.

VARIAÇÃO 3

Diversifiquem a forma de encontrar os seus parceiros. Quatro velocidades diferentes, quatro parceiros e quatro tipos de encontro: um aperto de mão, um abraço, um tapa e um beijo.

Da Aplicação do Trabalho nas Escolas Teatrais da Alemanha

BIOGRAFIA CRIATIVA (FINAL)

Sobre mim.

Meu primeiro papel: um soldado alemão que é morto por partidários soviéticos nos primeiros minutos do espetáculo.

Meu primeiro espetáculo: *Sem Maquiagem*, em que expunha minha própria compreensão do teatro.

Meu primeiro amigo: Leonid. Em sua infância, ele tocava acordeão em "Marcha Turca" de Mozart e agora é um grande comerciante de petróleo.

Meu primeiro amor: a bailarina Nadia. Ela dançou em *A Dança dos Pequenos Cisnes*, balé de Tchaikóvski. Agora é alcoólatra.

Meu primeiro professor: minha primeira esposa. Meu primeiro filho. Depois, o segundo professor, a segunda esposa, o segundo filho. O primeiro livro, o segundo livro, o terceiro...

Isso é tudo. Não espero nenhum outro "primeiro" em minha vida.

Agora o que soa maravilhoso para mim é: o último amigo! O último espetáculo! O último amor!

O Último Exercício
Um Passo Fora do Círculo

Este é um bom exercício para terminar uma aula ou mesmo uma jornada de trabalho, pois, além de seu valor para o treinamento, ele também tem um significado ritualístico. Todos os atores devem fazer um círculo, virar de frente para o centro e dar as mãos.

Estabeleçam contato entre vocês – criem um "círculo"!

A tarefa: ao sinal do diretor-professor, todos ao mesmo tempo dão um passo para frente ou permanecem em seus lugares.

Outras variações do exercício:

- "Um passo para frente" – "um passo para trás".
- "Um passo para frente" – "um passo para trás" – "permanecer no lugar".

Fazer isso, todos juntos, não é tão fácil quanto parece. Não se agitem, não trapaceiem. Lembrem-se de que o exercício tem um caráter ritualístico.

Agora realizem essa tarefa com os olhos fechados.

Estabeleçam o contato por meio de um aperto de mãos. Criem um círculo com a sua respiração.

E novamente: um passo para frente ou para trás ou permaneçam no local. É o seu "círculo" que decide.

Novas condições: fiquem parados no círculo, com os olhos fechados, sem tocar uns aos outros.

Ouçam o círculo! Ouçam a si mesmos! Ouçam a si mesmos no círculo!

Um...

Dois...

Três.

E... juntos! Porque não há nada pior do que quando alguns vão para frente e outros ficam parados em seus lugares.

Este livro foi impresso em São Paulo,
nas oficinas da Orgrafic Gráfica e Editora, em abril de 2017,
para a Editora Perspectiva.